世界の中国化をくい止めろ

内なる中国に日本人は蝕まれていないか

宮崎正弘×福島香織

ビジネス社

まえがき　日本が世界の中国化をくい止めろ――福島香織

二〇一七年十二月のクリスマス前後を私は北京で過ごしました。習近平《しゅうきんぺい》政権二期目がスタートしたばかりの北京は、たいそう寒かった。たんに今冬の気温のことだけをいっているのではありません。この冬、突如言い渡された〝石炭禁止令〟のせいで、公共施設の暖房が十分でなく、小学校では凍傷になる子供が出てきたほどでした。大興区の火災をきっかけに始まった老朽化建物・工場の一斉撤去政策によって、住居と職場を奪われて寒空のなかを放り出された数百万人の出稼ぎ農民たちが寒さに震えました。私の知り合いのアイさん（お手伝いさん、出稼ぎ農民女性の主な仕事の一つ）に、住むところは大丈夫かと聞いてみると、自分はぎりぎり撤去地区外だったから大丈夫だが、親戚《しんせき》家族が家を失い、自分自身も面倒を見切れないので、故郷の山東省の村に帰らざるをえない。しかし、突然のことで帰郷のための旅費もなく、困っている。お金をかき集めるまで、知り合いのところを転々としたり、野宿したりしてしのがねばならない、そうです。

彼らのことを〝低端人口（低レベル人口）〟とレッテルづける、北京市当局および都市民たちの心も冷えています。都市民にしてみれば、農村戸籍のまま北京で暮らす出稼ぎ農民のせいで北京人口が爆発寸前にまで膨らみ、自分たちの既得権益である都市生活資源を食い荒らしている、と彼らを嫌悪し、さげすんでいる。しかし、突然、そのさげすんでいる〝低端人口〟が北京から追い出されると、とたんに、宅配便が遅延し、共働き家庭を支えているアイさんが居なくなり、ごみ収集が来なくなる。つまり、都市民の生活にも支障が出てくるわけです。で、都市民も大変なことになった、と頭を抱えていました。

経済も統計上は堅調のように見えて、庶民の暮らしは、冷え込んでいる。生活物価の急上昇に、むしろ苦しくなったという感想のほうを多く耳にしました。税金の取り立ても徐々に厳しくなっています。確かに見た目は、Ｅコマースは花盛り。ＡＩだ、ＩｏＴだ、フィンテックだ、と中国経済がバラ色のような話も飛び交うのですが、Ｅコマースは実店舗の消費を奪い、バブルで高騰を続けるテナント、店舗代を支え切れずに閉店となる量販店があいついでいます。実店舗での買い物する人が減った分、街のショッピングモールの雰囲気はクリスマスというのに寒々しい。中国共産党が党員にクリスマスのような西側の宗教行事に参加することを強く戒める通達を出していることも関係しているかもしれません。

また、北京で仕事をする日本人にとっても厳しい冬だと聞きました。私の知人の日本人が経営にかかわるいくつかの飲食店や工場に対して、突然の移転や閉鎖、罰金が言い渡されていました。理由は消防上の安全基準を満たしていないとか、脱税だとか、店のある場所が再開発地域に指定されたとか、いろいろです。日本人が目の敵にされているのかしら、と勘ぐったのですが、そうではなくて、中国人の経営する飲食店や工場もかなり、突然の閉鎖言い渡しを受けていました。これまで政府の役人との〝コネ〟でなんとなくお目こぼしを受けてきた、中小企業・工場の小さな違反が、密告奨励を政府と党が呼びかけたことで、次々と明るみになり摘発されている、ということらしいです。これはいい加減でルールを守らない中国人が、政府と党の罰則強化と監視の厳格化で取り締まられている、と前向きに評価する人もいるかもしれません。ですが、中国人、特に北京人には「上に政策あれば下に対策あり」という言葉で象徴されるように、政府の統制、監視、締め付けをうまくかいくぐって商売をするのが賢い商売人である、という価値観がありました。このために「走后門」（裏門に回る）「拉関係」（人脈をつくる）ということに余念がなかった。「走后門」「拉関係」は中国の政治・ビジネスの文化であり、中国人の生き方そのものです。中国語を勉強すると、この二つの言葉は早々に習うことでしょう。逆にいえば、こういうやり方でなければ民間人はなかなかビジネスで成功できなかった。中国にはフェアな市場がなく、党が企業を完全に指導し管理し統制しコントロールしてきた。その一方、法律、基準、規則は欧米の先進国を参考につくっており、環境基準も安全基準も先進国並みに厳しい。民間人もなんとか党の要職の人たちと人脈を作り、裏門から話をつけなければ、とても利益など上げられないのです。

中国に進出してこれまで成功を収めてきた日本人ビジネスマンのなかには、この「走后門」「拉関係」という中国ビジネス文化を学んで実践して、小さな店舗からチェーン店にまで発展させた人も結構いたわけですが、こうしたやり方がいきなり〝取り締まり対象〟になっている。市場による競争、淘汰《とうた》のシステムが育っていないなかで、取り締まりと監視と統制だけが異様に厳しくなっているのです。

「習近平政権になって中国が変わるという予感はあったが、想像以上の変化だ。この変化の先を読んでやり方を変えていかねば、これからの中国経済市場で民間企業は生き残れない」とある日本人経営者は、戦慄《せんりつ》していました。私もこのままでは中小の民間企業、庶民のささやかな商売というものは全滅するのではないか、という気がしています。

街にはＡＩ機能付き監視カメラが増え始め、人々はいつも見張られていることを意識し始めました。電子マネーや滴滴など白タクアプリやシェアバイクの利用によって、個人情報とその消費行動、移動経路などが紐《ひも》づけられたおかげで、便利になり、また泥棒や置き引きが減り、忘れ物が手元に戻ってくる確率が高まりましたが、私はそれをＩＴとＡＩ技術の発展と素直に称賛することができません。そうした先端技術による監視、統制、そして市民の行動の誘導は、まるで、ジョージ・オーウェルの小説の「１９８４」に登場するビッグブラザーに操られているような気がするのです。

「福島さんと喫茶店で会うとき、昔は、よく目つきの鋭い人たちが後ろのほうに座ってこちらをチラチラ見ていたけど、最近、そういう人たちがついてこなくなったね」と、最近会った、ある学者の人から言われたことがあります。安全当局のマークから完全に自由になったのかな、とちょっと喜んでいましたが、それは監視のターゲットから外れたというのではなく、ひょっとすると、人が見張らなくても、私たちの言動などＩＴとＡＩで簡単に追跡できるようになったからかもしれません。

ただ、大気はこの数年の間で一番きれいだった。この季節、以前ならば霧霾と呼ばれるスモッグで白くかすんでいた空は青くみえて、太陽の光が凍てつく北京の庶民の暮らしを照らしだしていました。乗り合わせたタクシー運転手は「我らが指導者がつくった青空だ」と笑っていました。そのニュアンスはけっして喜びに満ちたものではありません。なぜなら、その後に彼に暮らし向きがよくなったかどうかという話を振ると「我らが指導者は民生よりも国防とメンツを優先しているんだ」と語りだしたからです。この青空が、石炭禁止によって庶民が凍え、中小工場が電力不足で営業できず、あるいは強引に閉鎖された、そうした犠牲のうえに成り立った指導者のメンツのために生みだされたことに、彼はむしろ不満を感じていたのです。これはおそらく、多くの北京の庶民の気持ちではないか、という気がしました。こんなふうに、習近平政権二期目がスタートした冬の北京は、非常に底冷えするものだったのです。

私は二〇〇二年春から北京五輪の〇八年秋に至るまでの七年近くを北京で過ごしました。それは中国の奇跡の二けた成長、五輪前バブルの時期と少し重なっていました。〇八年五輪前も、土地の強制収用とそれに伴う深刻な人権侵害、さまざまな自由の弾圧、貧富の差の格差等の問題がありました。この当時からバブル崩壊の予感もやがて来る経済失速の予兆もあり、日本の少なからぬ専門家が中国経済の崩壊や社会が内包するリスクに対して警鐘を鳴らしていました。しかし、今振り返ると、このころはいろんな問題を内包しつつも、一縷《いちる》の希望もあったのです。党内でも、まだ段階的な党内民主化の方向性やメディア・言論の自由に対して前向きに考える官僚や政治家、知識人たちもいましたし、実際、私たちの付き合っている中国メディアの記者たちのなかには、厳しい言論統制下にあっても果敢に取材していました。こういう人たちがいるかぎり、中国も変わる可能性、つまりわれわれと同じように、共通の価値観、人権や自由の意識を共有して、国家として責任を持ち協調して国際平和に貢献できる国に変わる可能性はまだある、と少なくとも私は思っていました。

ですが、そうした希望、中国の内部から自力で変わる可能性は、習近平政権になって絶望的なまでになくなってきた。かつて中国の自由や段階的な民主化を訴えていた良識的で国際派の知識人や官僚、記者の少なからずが経済犯罪や機密漏洩《ろうえい》、あるいは「挑発罪」という罪状で逮捕、起訴されたり投獄されたりしています。習近平政権の「反腐敗キャンペーン」はじつのところ、粛清であり恐怖政治でした。この恐怖政治が、中国人が本来持っていたバイタリティ、活力をそいでいます。党内で習近平のやり方に異常さを感じている人はおり、社会には習近平政権の政策に不満を募らせている庶民はいるのですが、自分の身の安全のために誰も何も言うことができなくなった。今、北京の〝青空〟実現のやり方をみるにしても、習近平政権のやり方は、毛沢東《もうたくとう》時代の大躍進にも似た暴走めいたものさえ感じます。

私は習近平政権のやり方、思想があまりにも、あるべき時代の流れに逆行して無茶なように思えたので、二期目に入るまでに彼の指導者としての求心力はなえ、路線を変更するか、でなければ政敵によって権力の座から降ろされるのではないかと期待していたのですが、そうはならず、むしろ第一九回党大会で人事面においても党規約改正においても、習近平独裁確立に向けて布石を打っています。習近平政権は一期目で失速するという私の期待、予想は外れたわけです。

習近平という人のこれまでの行政手腕をみているかぎり、かならずしも為政者として素晴らしい能力を持っているわけでも、経済や外交のセンスがあるわけでもないのに、なぜ彼は党大会で権力闘争を優勢に収め、二期目スタート早々にその強権を見せつけるような政策を次々と打ち出しているのか。

一つの要因に国際情勢の急激な変化、象徴的なのは米トランプ政権の登場などがあると思います。トランプ政権を評価する人も否定する人も、トランプ政権の登場の背景に米国の国力のレーム・ダックがあるということは同意するでしょう。オバマ政権時代に決定的となった米国の弱体化によって中国が台頭する間隙《かんげき》ができ、トランプ政権を批判するドイツなど一部の国は、中国を国際社会・グローバル経済における新たなリーダーとして持ち上げるようなことを言い出しました。北朝鮮問題ではトランプ政権自身があたかも中国のリーダーシップを頼りにするようなそぶりをみせ、習近平を誉めあげて、一見、米中融和が進んでいるような状況も演出しました。こうした国際情勢の変化、不確定さが習近平政権の暴走を許す一つの背景にあると思います。

米調査会社「ユーラシア・グループ」が二〇一八年一〇大リスクの筆頭に「中国は真空状態を愛す」という独特の表現でチャイナリスクを掲げましたが、この言葉のとおり、米国のリーダーシップ不在の国際社会の真空状態が、習近平政権の台頭を許しているといえます。

これを世界の中国化の始まりと表現する人もいます。中国の大衆には、こうした不確定さの増した時代には強権的なリーダーにガチョウの群れのようについていく習性がありま す。毛沢東の文化大革命期の紅衛兵のように、不条理なまでに強さを信奉し、良識や良心を封じ込めてまで暴力的に生きる習性です。彼らは秩序だった安定した社会で暮らす時間のほうが短く、こうした真空時代、混乱時代の対処法として力、強さになびくやり方で生き延びてきたのです。不確定さが増した世界で、人々が中国人的になったという人もいます。

日本では、こうした国際情勢が助長した習近平政権の台頭、中国の大国化・強国化路線の邁進《まいしん》に、「〝中国崩壊論〟の崩壊」を言い出す識者、ジャーナリストも出てきました。つまり私を含めて、チャイナリスクをいかに抑えるべきか、そのために中国の今の体制のままでの強国化を阻止するためにどうしたらよいか、という提言が意味をなさなかったことを彼らは揶揄《やゆ》するわけです。では、今の中国の形が国際社会で膨張し、習近平政権が党大会で打ち出したように世界一流の軍隊を持ち、新たな国際関係（中国を中心とした国際秩序）の枠組みで人類運命共同体を構築され、日本がその中国主導の体制下に組み込まれた場合、日本人の暮らしは今よりもよくなっているでしょうか。中国のふつうの人々はより幸せになっているでしょうか。日本が中国化したらどうなるか。今の中国のように、不寛容で相互を監視し密告しあい、格差と差別が拡大し厳格なヒエラルキーで社会が統制される足を引っ張りあう社会になるということです。すでに、その兆しがありはしないでしょうか。

一つ言えることは、中国が内部の力だけで変わることを期待することには無理があるということです。かといって米国頼みだけで中国の台頭を抑えることも難しくなってきた。だから、日本が、日本人が主体的に国際情勢の真空状態を見極めて、その真空を埋めていく役割を自ら担う覚悟というものが問われているのだと思います。中国の今のままの形での強軍強国化は日本にとって最悪の結末をもたらす可能性もあるのだと思えば、少なくとも「〝中国崩壊論〟の崩壊」を喜んでいる場合ではないでしょう。

本書では、国際情勢に詳しい宮崎正弘さんの知見を借りながら、国際情勢の真空地帯の所在を探り、習近平政権の死角を探り、日本と日本人が目指すべき方向性について意見を提示しています。

人民が震え凍えるような恐怖政治でもってその求心力を維持している赤いディストピアの台頭を許す国際情勢の真空時代を、日本人がどのような意識で生き抜き、日本を守っていくのか、そして世界がおびえるチャイナリスクを抑えるために何ができるのか。そういうことを真面目に考える読者の一つの指針となればと思います。

第一章　意外、世界「消耗戦」で存在感を示す日本

第二章――「習一強」に死角あり

第三章　常識ではまったく理解できない中国経済

第四章　幻想と恐怖が入り混じる「一四億の市場」

第五章 「中国化」する世界と日本

最終章　北朝鮮崩壊の先は米中対立だ

◆本書では対談の性質上、世界各国の公人の尊称を省略している部分があります。

第一章

意外、世界「消耗戦」で存在感を示す日本

北朝鮮で消耗戦を繰り広げる米中

宮崎　トランプのアジア歴訪（二〇一七年十一月五日〜十四日）前までの日本の議論には、アメリカによる北朝鮮へのミサイル攻撃、あるいは福島さんも「Voice」二〇一七年十一月号（「中国が北を攻める可能性」）に書いておられたけれど、習近平《しゅうきんぺい》（中国共産党総書記）が「小さな戦争」を起こすのではないか、などと発言され、注視していました。どうやら平昌《ピョンチャン》五輪をはさんで、そのシナリオは希薄化したようですね。むしろ北朝鮮を間に挟んで米中が互いに圧力をかけさせることによって〝消耗戦〟を謀っているのではないか。トランプ大統領としても北朝鮮を単独で攻撃する気はさらさらなく、できるなら中国に北朝鮮の問題を片づけてもらいたい。なにしろトランプのイスラエルの米大使館をエルサレムへ移動するとの発言以来、アメリカの関心事は中東に移っています。

一方、習近平もアメリカに協調姿勢をしめし、北朝鮮に宋濤《そうとう》（中央対外連絡部長）を特使として送ったりしましたが、見せ掛けだけで時間稼ぎにすぎないことが、すぐバレてしまった。北朝鮮問題を長引かせることによってアメリカを消耗させるという戦略が北戴河《ほくたいが》で議論になったらしいけれど。しかしこれは二〇年前と同様、問題の先送りにすぎず、日本にとっては（本当は韓国にとってもですが）、最悪に近いシナリオです。もっと最悪なのはアメリカからハシゴを外され、アメリカが本土に届かない北朝鮮の核・ミサイルに限って、容認することです。現実的にこれをやられる可能性が一番高い。現に、国務長官のティラーソンも北朝鮮と「条件なしで対話する」などと言いだす始末でティラーソン解任の噂《うわさ》がワシントンでは飛び交っていました。

福島　トランプが北朝鮮をふたたび「テロ支援国家」にしたときも、いち早く安倍《あべ》政権は支持を表明しましたね。

宮崎　国連の制裁決議も少しずつ効いてきている側面もあります。

福島　おそらくは、この問題については、日本が一番切実にとらえていて、唯一、北朝鮮の核兵器の完全廃棄を願っている国だと思います。トランプ政権自身は中東の問題との兼ね合いのなかで北朝鮮問題を考えているでしょうし、中国は米国とロシアとの関係のなかで北朝鮮問題を考えている。韓国は国家としての体をなしていないので問題外ですね。南北統一後は自国も核保有国になれる、ぐらいの気持ちでいるのかもしれません。北朝鮮の核兵器を切実に自国の脅威ととらえている日本とは、また違います。

もちろん、金正恩《キムジョンウン》（朝鮮労働党委員長）の態度しだいで、米国も中国も対応は変わるでしょうし、金正恩排除の選択肢は保留しています。中国が、北朝鮮有事を選択肢のなかから消していないのは、中朝国境に難民キャンプ建設を準備していることからもうかがえます。中国としての落としどころは、これ以上、問題をエスカレートさせないで、北朝鮮の核保有を事実上認めつつ、米国への外交カードとしての利用価値を保留する、というところでしょう。金正恩へのコントロールが効かないようであれば、排除するし、コントロールが効くようであれば、利用する。いずれにしても、半島情勢の主導権を中国が握るというシナリオを描いていると思います。

宮崎　日本では南北対話といってますが、中国語は「朝韓対話」。主客逆さまです。平昌五輪が休憩時間になった。

トランプを一番利用しているのは習近平か

福島　結果的には、習近平政権はこれまでも、トランプや北朝鮮問題をうまく利用してきたと思います。トランプが登場するまで、米国は北朝鮮のことを放置していました。北朝鮮が核兵器開発を継続してきたのは公然の事実であったのにもかかわらず、です。北朝鮮問題に限らず、トランプ政権が登場して、一番得をしたのは習近平政権かもしれません。

現に、トランプが出てくるまでは、国際社会の批判はもっぱら習近平外交に向けられていたのを、「反トランプ」の国際世論の高まりにより、相対的に習近平政権をポジティブに再評価するという珍現象も起きました。あたかも中国がグローバリズムの推進役であるかのような暴論さえ出たほどです（笑）。まったくどの口がいうのかと。しかもトランプはオバマや国務長官だったヒラリー・クリントンのように人権問題でうるさいことをいわないのもいい。

トランプと安倍は、報道を見るかぎりかなり親密そうですが、トランプと習近平の関係も悪くはありません。第一九回党大会で習近平政権二期目がスタートした日、トランプは習近平に電話で祝辞を述べています。トランプ自身がツイッターで「（党規約に自分の名前を入れるという）非凡な飛躍に祝辞を伝えた」「北朝鮮の核問題と貿易問題の二つについて討論したよ」と語り、またフォックスビジネスニュースにおいて習近平のことを「すごい奴だ」「（党規約に名前入りの指導思想を書き入れたことについて）中国に過去に見なかった、崇高な地位にまでのし上がった」「あるものは彼（習近平）を国王と呼ぶが、彼は主席、プレジデントだ」とべた誉めしていることからも、それがうかがえます。

またトランプの元首席戦略官で、反中論者であったスティーブン・バノンも、九月に香港で行われた講演でトランプが、習近平を持ち上げていたことを話題にしています。「世界のどの首脳よりも尊敬している」「米中の絆《きずな》は第二次大戦時以来の歴史がある」と。こうみるとトランプは習近平に個人的にたいそうほれ込んでいる、という言い方をしてもいいかもしれません。

奇怪な動きをみせる郭文貴とバノン

宮崎　バノンはホワイトハウスにおける首席戦略官のポストを解任された後も、福島さんがおっしゃった香港の講演旅行のあと、そのまま北京に行って王岐山《おうきざん》にも会っている。それを根拠に、ロイターは「王岐山留任説」を流しました。しかもアメリカに帰国すると今度はワシントンとニューヨークで二回中国の大富豪で亡命した郭文貴《かくぶんき》に会っています。郭文貴はＶＯＡ（ヴォイス・オブ・アメリカ、「美国之音」）で日本円にして三〇兆円もの資産があるという「王岐山スキャンダル」を暴露した人ですよ。トランプがやっている対中外交は非常に矛盾している。

　郭文貴自身、バノンとは協力関係があり、これまで一〇回会っているとニューヨークでＡＦＰの独占取材に応じています。そして、世界最大の人口を持つ中国の「体制転換」と民主主義の導入を目指していると語っています。

「私は法の支配を手にしたい。民主主義や自由を手にしたい。体制転換……それが最終目標だ」と。郭は年内に立ち上げ予定の新たなメディア・プラットフォームを使って中国の共産主義体制の欠陥を明らかにすることで、三年以内の目標達成を目指している。

その計画中のメディア・プラットフォームについてバノンに話し合ってきたという。じつはバノンは昨師走十六日にも来日し、J-CPACで講演していますが、その翌日にペマ・ギャルポ氏、加瀬英明《かせひであき》氏と小生とでバノンとの朝食会を予定していました。急用が入ってしまい、延期になりましたが。バノンは日本理解がかなり深いですよ。ま、その直後にホワイトハウスの内幕本『炎と怒り』でバノンがトランプ一家の悪口を言ったというので、釈明もしましたが、結局保守のネットニュース「ブライトバート」の社長の座も降ろされて影響力を失った。

福島　郭文貴というのは、北京五輪開発で主導的な役割をした「闇《やみ》の政商」などともいわれていますが、彼はビジネスマンというより、国家安全部（公安、警察機関）の工作員、特務ですね。本人が国家安全部一七局に所属するかたちで特務の仕事を請け負ったことを暴露しています。国家安全部副部長の馬建《まけん》とともに、元国家副主席で太子党の実力者曽慶紅《そうけいこう》の情報収集のための手ごまだったのでしょう。

公安・武装警察権力のトップに君臨していた周永康《しゅうえいこう》が習近平によって失脚させられたのち、周永康事件に連座する形で多くの実力派官僚・政治家・企業家が失脚しましたが、その筆頭格の人物が馬建と郭文貴です。私は習近平の最大の政敵の一人、ラスボス級が曽慶紅だと思っているのですが、曽慶紅は馬建を通じて、習近平ら現役指導部らを統制し、その政治的生命を左右するだけの情報を握っていました。それに気づいた習近平が、馬建を汚職や機密漏洩《ろうえい》で二〇一五年一月に失脚させるわけですが、馬建失脚で自分の身も危ういと気づいた郭文貴は馬建から流れた習近平政権にかかわるスキャンダル情報も握ったまま、いち早く米国へ逃亡し、二〇一六年ごろから共産党指導部や長老たちのスキャンダルを小出しにしながら、習近平政権に揺さぶりをかけ続けています。

彼はいわゆるトリックスター的存在で、その発言にはでたらめも多いですが、そうした関係上、習近平や王岐山の足元をすくうような〝スキャンダルネタ〟を持っていたとしても、不思議ではありません。バノンが何のために郭文貴に近づいているのか、どう利用するつもりでいるかはまだわかりませんが、郭文貴にしても、バノンにしても、郭文貴の持っている〝スキャンダル情報〟を使ってトランプ政権に影響力を与えようとしていることは、十分想像できます。

また、在米華人民主活動家で公民力量代表の楊建利《ようけんり》はじめ、在米の民主活動家の主要メンバーが、妙に郭文貴とバノンを買っているのも気になります。公民力量は二〇一七年十一月に東京・オリンピック青年センターでバノンをメーンスピーカーに据えたシンポジウムを開催し、私も少しのぞいたのですが、これはこれまで中国の民主化運動を支援してきた日本の支援者やメディアをかなり困惑させました。バノンの政治的立ち位置と、中国の民主化や人権問題支援を続けてきた人たちの立ち位置はずいぶん違いますから。

しかし、楊建利のように、劉暁波《りゅうぎょうは》亡きあと、中国の民主化運動を引っ張っていかねばならない、と考える人たちの間では、バノンを通じてトランプ政権に反中政策をとらせよう、という動きが出てきています。郭文貴も同じです。在米華人民主化活動家は、郭文貴の持っている情報が共産党政権の正統性を揺るがすぐらいの破壊力があると信じているようです。郭文貴自身が、そのような思わせぶりな態度をとりながら、自分の命と立場を守ろうと画策しているのでしょう。同じ機密情報を持ったまま米国に逃亡したことで知られる政商・令完成《れいかんせい》が、いっさいの情報を断ち、水面下に潜ってしまったことと比較すると、郭文貴の立ち回りは興味深いですね。令完成は、すでに失脚し服役中の官僚政治家・令計画《れいけいかく》の弟であり、二七〇〇件の核兵器ボタンの暗号コードを含む国家機密文書を持ち出して米国に逃亡したといわれていますが、現在はいっさいの消息を絶っています。米政府の手厚い庇護《ひご》を受けているのではないか、と言われています。

バノンも郭文貴も、トランプと一緒で、相手によって言うことがコロコロ変わるので真意はよくつかめません。ただ、郭文貴がバノンを通じて、なんとかトランプを対中強硬姿勢に転換させようとしており、その動きを在米民主化活動家が後押ししているという構図はあります。問題は、バノンに、トランプ政権への影響力がまだ、そこまであるのか、ですが。バノンは、影響力があるようなそぶりをあえてしていますが。

宮崎 まだ多少の影響力は持っているでしょう。かたや『米中もし戦わば』のピーター・ナヴァロは反中国の旗手だったのでトランプの顧問に任命されたけれど、ほとんど影響力がない。何もすることがないというような状況らしい。

福島 だとすると、それが不気味ですね。バノンの香港での発言と東京での発言は、かなりニュアンスが違う、とBBCの記者がいっていました。香港の講演はメディアは締め出されていましたが、出席者がメディアに語った部分を読めば、中国に対してはかなり融和的なポジティブな発言もありました。CITICの下部組織が主催していましたから、配慮した、と言えばそれまでですが、中国の民主化活動組織が主催した会合では、中国の民主化を支持するといい、日本の保守団体が主催した会合では中国の脅威をあおる発言をし、どちらかと言うとプロ講演者のようなリップサービスに走る印象を私は持っています。本音では何考えているかは、まだよくわからない。少なくとも単純な反中でないことは間違いありません。

ロシア・ゲートの真犯人はヒラリー・クリントン

福島　フランスのAFPが中国の知識人のこんなコメントを引用しています。「中国政府はトランプをどのように騙《だま》せばいいかわかっている。トランプは政治素人だ。しかもこの一〇カ月、国内の権力闘争で苛《いじ》め抜かれている」。

確かに、四月の米中首脳会談で二人が最初に会ったときと比べると、習近平は無事に任期二期目に入り、その権力基盤はさらに固まってきた。一方、トランプはロシア・ゲート疑惑をはじめ、さまざまな内政上の問題を抱えている。しかも国務省の人事がいまだに決まらないため機能せず、側近の軍人たちに外交を頼らざるをえない状況です。そして当のトランプ自身が、北朝鮮に対して軍事行動を起こすにしろ、避けるにしろ、その対北朝鮮政策の成否の鍵《かぎ》を握っているのは習近平だと思っています。

宮崎　ただそのコメントで一つ間違っていると思うのはトランプはそんなにやわじゃないということです。いかんせん、不動産でマフィアと渡り合ったひとですから。ロシア・ゲートにしても調べれば調べるほどトランプではなく、クリントン財団とのつながりが出てきたため、民主党の本音は幕を引こうとしています。じつはトランプのロシア・ゲートこそフェイク・ニュースで、真相はヒラリー・クリントンがロシア系の団体個人から膨大な政治献金を受け取っていたのです。これは国際政治学者の藤井厳喜《ふじいげんき》さんの言ですが、「ヒラリーは国務省をヒラリー商会に変えた」。ところが、日本のメディアはまったく報じないので、読者のために脱線しますが、少し解説します。

カナダのウラニウム企業「ウラニウム・ワン」は米国のウランの二〇%を占めるエネルギー産業ですが、この会社を巧妙に三つの法的手続きを経て、ロシアの企業が買収した。この買収に積極的に動いたのが、ヒラリーです。明らかにアメリカの国家安全保障に脅威を与える企業買収だったので、議会が問題にしたのですが、いつの間にか有耶無耶《うやむや》にされていましたが、二月上旬ついにFBIはクリントン財団の捜索に踏み切った。

ベンガジ事件（テロリストにリビアのベンガジにある米国領事館が襲撃された事件。クリントンの指示により、リビアでアメリカが支援した反政府組織にカダフィを倒すために武器援助をやり、CIAがその武器の回収に行っていたところを襲われて殺された）の問題です。

ところが、当時のFBI長官であるジェイムズ・コミーは、その文案に勝手に手を加え「概括的に不注意による」（grossly negligent）とされた箇所を「極端なケアレス」（extremely careless）とニュアンスを変える表現とし、FBIの最終報告書とした。つまり、起訴するに値するほどの「国家安全保障に脅威」ではないと結論づけた（二〇一六年五月二日）。

ロシア・ゲートなるものは、日本で安倍叩《たた》きだけが目的ででっち上げられた「モリカケ」問題とフェイク・ニュースの構造は一緒です。フェイク・ニュースによるでっち上げにすぎない。

G2時代の宣伝に成功した中国

宮崎　そこで新年に入って一月二日、トランプはついに、このコミーを起訴する動きに出ています。するとタイミングよく、ホワイトハウスの内幕を描き、スタッフのほとんどが「トランプ大統領は精神的におかしい」と思っているなどと、フェイクと思われる前述の『炎と怒り』が出版されました。

トランプはすかさず「私は精神的に安定した天才である」とジョークを飛ばし、著者のウォルフ氏自身も「書かれたことが一〇〇%真実であると断言する自信はない」と表明している始末（『ポリティカルインサイダー』、一月六日）です。

しかしながら、メディアが騒いだせいで当該本は売れ行き好調、ホワイトハウスは「あれは紙くず」と否定して火消しに追われています。

しかし執筆したのがボブ・ウッドワード級ならともかく、マイケル・ウォルフという無名のコラムニストではねぇ。

トランプ陣営は『炎と怒り』は虚偽に満ちた内容であるとして、「出版差し止め」の仮処分を要求していましたが、版元は意表を突いて発売予定日の四日前に店先に並べるというゲリラ戦術に出た。

この騒ぎでクリントン財団へのＦＢＩの手入れ報道がかすんでしまった感があります。

さて習近平にとって一番の成果はオバマには拒絶された「太平洋は中米両国を受け入れられるだけの広さを持っている」をトランプが否定しなかったことでしょう。

福島　「太平洋米中二分割論」ですね。「太平洋は中国と米国が共存するのに十分な広さがあるので、二つの大国が意思疎通と連携を強化すべきだ」という主張です。二〇〇七年五月、呉勝利《ごしょうり》（当時の海軍司令）が訪中中のキーティング（当時の太平洋司令官）にハワイあたりで太平洋を分けて米中で支配すれば安定する、と提案し、米国を激怒させたのを、わざわざ蒸し返したのですが、これがうまくいった。トランプは紫禁城《しきんじょう》貸し切りという特別接待に懐柔されたのか、あるいは余裕があるのか、この発言に反論したりすることはなく「米中両国が連携すれば、世界中のあらゆる問題が解決できる」とリップサービスをしました。

宮崎　外相の河野太郎《こうのたろう》が「中国は太平洋と接していない」と珍しく真っ当なことをいいました。河野外相、対中・対韓外交で気骨を示してますね。

福島　習近平はトランプに寄り添うことにより、世界に対しＧ２時代を表明してみせたわけです。案の定、中国メディアは、習近平―トランプ時代の全面的突入だと、喧伝《けんでん》しています。

宮崎　それにしてもトランプは中国でものすごい待遇を受けてましたね。日本のメディアもこれまでさんざんトランプ批判をしていたのに、トランプ訪日に歓迎ムード一色だった。韓国ではトランプ人形を踏みつけ、米国旗を燃やすなどの反対デモが起きていたのに、日本ではそういう話をほとんど聞かない。

福島　駐米中国大使の崔天凱はこう指摘しています。「北京はトランプの訪中に対し特別にアレンジをしている。まず、故宮の建福宮《けんふくきゅう》で宴席を用意し、三希堂《さんきどう》で茶話会を行う。紫禁城において建福宮と内廷の核心であり、特別な休憩遊戯に使われる瀛台《えいだい》。三希堂は乾隆《けんりゅう》帝の書斎であった。オバマ前大統領の訪中時の対応を超越する待遇である」。

宮崎　オバマの二回目の訪中時にときは赤じゅうたんも敷きませんでしたね。ただし、トランプとオバマへの待遇の差は人種的な側面もあると思いますよ。

福島　白人と、いわゆるカラードである者とへの態度の差でしょうね。だから中国はＡＳＥＡＮ（東南アジア諸国連合）に対してもどうしてあそこまで傲慢《ごうまん》なのかという態度をとっています。やはり中華思想からいうとＡＳＥＡＮ諸国は徳のない、文明のない国なんです。

宮崎　家畜同然で人間扱いしてないムードがあります。中華秩序に加わらない日本が例外でしょう。それからインド。

福島　面白いのは中国のメディアが日本の歓待ぶりを詳しく報じていたことです。これは欧米メディアと対照的でした。欧米メディアにしてみれば、今回のトランプのアジア歴訪の山場は、習近平、プーチンとの会談だと見ていたからでしょう。

　たとえば、〝ゴルフ外交〟にプロゴルファーの松山英樹《まつやまひでき》が同行したことや、天皇陛下・皇后陛下との会見、トランプに先立って訪日したイヴァンカへの接待ぶり、どこでどのようなメニューの宴席が設けられたか、なども含めて、日本の徹底した〝おもてなし〟ぶりを細かく報じています。ちなみに松山は中国でも人気があります。二〇一六年の中国上海・佘山《シャーザン》国際GCで優勝したから、ゴルフファン以外にも有名なんです。

　おそらくですが、こうした報道をしたのは、習近平のトランプ接待と比較するのが目的でしょう。つまり習近平も安倍に負けないトランプ接待が重要だと考えていたわけです。習近平からすれば、習近平政権二期目の外交デビューであり、政治活動報告で語った〝世界の舞台の中央に近づく中国〟の姿を見せつけ、中国の特色ある大国外交というものを、喧伝する絶好の場に違いありません。

宮崎　スポーツに疎いので、ゴルフのことはまったく知りませんでしたが、松山ってプロは中国でそんなに有名なんですか。日本人で中国で有名なのは蒼井《あおい》そらじゃないの。

安倍がトランプを操っていると警戒する中国

福島　この日中のトランプへの過剰な接待攻勢は、安倍と習近平のトランプの奪い合いに見えました。中国は、トランプは比較的、人の話に流されやすいととらえている節がある。四月の習近平訪米のときも、中国の朝鮮半島史観――半島は「歴史的に中国の一部であった」をトランプはあっさり受け入れて、それまでの対北朝鮮外交と対中経済政策の方向修正を行っています。

ですから、トランプにずいぶん気に入られているようにみえる安倍を警戒しているのでしょう。

たとえば、環球時報（人民日報系タブロイド紙）は次のように報じています。「日本メディアによれば、安倍は自らの執政と外交経験をトランプに教授するつもりでいる」「安倍とトランプはすでにファーストネームで呼び合う信頼関係を築き五回直接会い、一六回電話でやりとりしている」「マティス訪中後、トランプは安倍に意見を求めるなど、外交問題についてしばしば安倍の意見を参考にするようになっている」「フィリピンのドゥテルテ大統領と会談すべきか否かも、安倍に意見を求めた」などとトランプの訪日は安倍に〝外交授業〟を受けるのが目的ではないか？　という日本メディアの報道を引用する形で紹介しています。

宮崎　実際、そういう面は確実にあると思いますよ。トランプの「自由で開かれたインド太平洋」は安倍首相が発案したインド太平洋戦略ですから。以前は「自由と繁栄の弧」と言っていました。

これは、「アジア太平洋の安全保障」という従来の米国の戦略タームの拡大で、ペンタゴンの戦略とも合致したのでしょうが、トランプ訪日における大きな成果の一つと言っていいでしょう。

しかも従前の日本の外交防衛は「極東」に限定してきたのですから、広域に対象が拡大したことになる。マラッカ海峡防衛からアンダマン海、インド洋へと防衛協力の範囲は拡がります。

つまり、日本のインド太平洋における防衛協力の度合いが今後、大いに深まることにもなるわけで、これは改憲により自衛隊の位置づけを明確にしなければ、達成困難です。おそらく安倍はそれを見据えているのでしょう。

福島　インド太平洋戦略は、二〇一六年八月にケニアで開催されたアフリカ開発会議で打ち出したものですね。また、トランプがフィリピン大統領ドゥテルテとの会談を行えるように環境を整えたのも安倍でした。

残念ながら、トランプ・ドゥテルテ会談で、日本が密かに望んでいた南シナ海問題における中国への牽制《けんせい》姿勢は、引き出せませんでした。しかし、日本が対中包囲網を目指して舞台回し的な役割を演じようと動いていることは、中国も気づいているのだと思います。安倍がトランプに個人的人間関係を利用して、日本の立場の〝国際観〟を吹き込むことを相当警戒しているようにも見えます。

宮崎　ドゥテルテはダーティー・ハリーにならって「ドゥテルテ・ハリー」の異名をとるほどに麻薬マフィアと銃撃戦を展開し、トランプ以上の人気があります。イスラム武装軍団がおさえたミンダナオのマラウィ市には政府軍を派遣し、マラウィの街を廃墟《はいきょ》にしても殲滅《せんめつ》したほど「乱暴者」。だけど中国に対しては借りてきた猫のようにおとなしい。

じつは習近平は安倍晋三を嫌っていない？

福島　じつは安倍晋三《しんぞう》を中国は嫌っていないという話もあります。在日中国人の著名な学者をゲストスピーカーに招いた勉強会があったのですが、その学者によると習近平政権は最近、安倍政権の長期安定を望んでいる、といいます。十月の総選挙も自民党圧勝を期待していたと。

宮崎 そう、そう。中国は物事をハッキリ言う政治家はわかりやすいとして小泉純一郎《こいずみじゅんいちろう》だって、靖国神社を連続参拝したときも、中国人のインテリは好感していましたから。

福島 その根拠の一つには、もともと習近平の周辺には、日本を重視するように進言する声があった。もう一つは、中国のライバルはアメリカであり、来たるべき米中対立を見越し、日本を中国の側に取り込んでおく必要がある。加えて、日中関係を改善するうえで、懸案の海空連絡メカニズムや東シナ海ガス田開発など難しい問題について交渉するには、安倍政権のような長期政権のほうがスムーズだと。だいたい以上のような主旨でした。

宮崎 それで習近平の例のダナンＡＰＥＣ首脳会議での安倍さんに対する不気味な〝微笑外交〟というわけですか。

福島 その学者は頻繁に北京に赴き中国内政事情にもそれなりに詳しいので、まったくのでたらめではないと思います。もちろん、あくまで中国サイドに立った見解なので鵜呑《うの》みにはできませんが。中国メディアも日本のメディアも、いよいよ日中改善の兆し、「日中関係の新しい始まり」と報じていますが、私は中国が簡単に妥協するとは思えない。朝日新聞なども諸手を挙げて歓迎していますが、与党の人たちはそんなにバカじゃない。

実際問題二〇一二年六月に大枠で合意した海空連絡メカニズム実施だって、尖閣《せんかく》周辺海域をこのメカニズムに組み入れるか入れないか、入れるとすれば、どういう扱いなのかで日中の意見は対立し、ようやく二〇一七年暮れ、大枠合意に至ったわけです。

とはいえ、「地理的な運用範囲については触れない内容で折り合った」という合意では、はたして本当に尖閣周辺での衝突回避のために効果的な運用が可能なのか。やはり、尖閣危機は二〇一八年も高まり続けると思いますね。実際、正月早々、攻撃型原潜が接続海域に入ってきました。逆にいえば、そういう緊張感を持ったまま、それなりの外交をできる相手は、安倍政権しかない、と中国側も思っているということです。

確かに日中関係の悪化のきっかけは、二〇〇九年の尖閣事件で、民主党政権のときです。それで、実務能力の不足が露呈し、〝政治的空白〟が起きた。したがって、中国サイドからするともともと野党に対する信頼度は低いということは、あるのかもしれません。

北朝鮮問題の本質は中国問題

宮崎　日本では目下、北朝鮮問題の陰に隠れていますが、本質は中国問題です。ところが、今度のトランプのアジア歴訪で明らかになったのは、アジア諸国の協議ではアメリカはもう頼りにならないということでしょう。それから韓国でわずか二六分の米韓大統領会談が象徴するように、アメリカはもう韓国に見切りをつけているのではないか。

これは表立っていうことはもちろんできませんが、日本政府からすれば、じつは密かに期待していたシナリオは、アメリカによる北朝鮮爆撃だった。あの時期に解散総選挙を行えたのも、少なくとも訪日前までは北朝鮮への先制攻撃はないと安倍さんがトランプに確認をとっていたからでしょう。

まず、アメリカが数千発のミサイルを北朝鮮に打ち込む。一番の問題は北朝鮮の核兵器でしょう。これを中国の特殊部隊がドォーと北に入って、とにかく核施設を押さえる。地上軍は米兵ではなく中国に任せるわけです。本来は韓国軍が行うべき作戦なのに、なんだけれどもまったく頼りにならないから。

しかしトランプは先制攻撃どころか北朝鮮を中国に丸投げしようとしている。冒頭に述べたようにこれは過去のアメリカ政権と同じです。

したがって、ASEANが中国になびくのも無理はない。その点、一番健気に中国と向き合っているのはベトナムくらいでしょう。

福島　そのベトナムもあれだけ経済依存をしていますからね。

宮崎　ベトナムはアメリカとの貿易を近年急激に伸ばしていますよ。米越貿易は往復二六〇億ドルと前年比の二・八倍です。ただしアメリカの輸入超過。前年比七七％増で対ベトナム貿易は四四億ドルの赤字を出しています。

ベトナムが米国重視の外交政策を採用していたわけですが、ＴＰＰ脱退のトランプ政権が、これからベトナム製品を大量に買うことへの期待がある一方で、ベトナムはアメリカのＴＰＰ離脱にがっかりしました。

さて、トランプのアジア歴訪後の中国をめぐるＡＳＥＡＮ諸国の動きをざっと追って行きたいと思います。余波というか予期せぬことが起きてきたのは、まずカンボジアです。

ご承知のように、カンボジアはＡＳＥＡＮにおいてラオスと同様に人民元決済圏であり、常に〝中国の代理人〟のごとくふるまってきた国です。中国は直接投資では日本の六倍の一五〇億ドルをカンボジアに投資しています。ところがそのカンボジアに対しＥＵが経済制裁をしようとしています。

カンボジアは親中路線を突っ走ったあげく、国内の政治環境が悪化し、フン・セン首相の独裁に国民の不満は高まるばかり。たとえば、フン・セン首相は野党「救国党」の党首を「アメリカと謀って国家転覆の陰謀を企てた」などという容疑で逮捕し、野党幹部は一斉に国外へ出る羽目に陥った。これは、今年八月に予定されている総選挙対策であることは明らかで、国民から人気の高い野党をあらかじめつぶすのが目的です。

カンボジア制裁に真っ先に名乗りを上げたのはスウェーデンです。「経済制裁をカンボジアに課そう」とする動議で、ほかのEU諸国も動き始め、トランプ政権も「年内には姿勢を決める」としている。

なぜヨーロッパが制裁の動きに出ているかというと、じつはカンボジアの輸出のうち、一番多いのはEU向けで四〇億ドル、しかもそのうちの三八億ドルは衣服であり、対米輸出も二一億ドルと高い。日本は八億ドル、対中国向けは六億ドルにすぎません。

ようするに人件費が高騰している中国の繊維産業がカンボジアに工場を移し、安い人件費ではやくも五〇万人の女工を雇用し、欧米に輸出しているのです。

つまり中国企業がカンボジアで生産し、それを「カンボジア製品」として欧米へ輸出して稼いでいる構図。したがって、もし制裁が課されたら一番被害を受けるのはカンボジアではなくて、中国です。フン・セン首相は中国べったりの政治家、カンボジアへ行ってわかったのですが、サイレント・マジョリティーはフン・セン大嫌いなんです。

ロヒンギャ問題で針のむしろのミャンマーに手を伸ばす中国

宮崎　制裁といえばもう一つ問題になっているのは、ロヒンギャを弾圧しているスー・チー政権のミャンマーです。ロヒンギャ問題で国際世論の批判の標的となっているアウン・サン・スー・チー国家顧問兼外相ですが、中国はこうした状況を、千載一遇《せんざいいちぐう》のチャンスととらえて、スー・チーに急接近です。まったく抜け目がない。「ミャンマー政府の措置は正しい。ロヒンギャの武装勢力はテロリストだ」と言ってのけ、孤立するミャンマーに助け舟を出した。驚くことに中国がミャンマーとバングラデシュ両国政府の「調停」に乗り出しました。

国際仲裁裁判所（ハーグ）の出した南シナ海における中国の行動の論拠はないとする判決を「紙くず」と言ってのけた同じ国が、場面が変わると国際調停を訴えるわけだから噴飯ものです。

もともとロヒンギャはミャンマー政府にとってお荷物であり「存在しない民」でした。それゆえ戸籍もなく、まともな人口調査もされず、放置された。イギリスがサイクス・ピコ条約のように勝手に線引きしたロヒンギャをミャンマーのラカイン州に居住させたのが問題の発端です。ロヒンギャはほかにも、マレーシア、ベトナム、タイ、インドに数万から二〇万単位で住んでおり、バングラデシュには難民以外にも二〇万人ほど住人がいます。

ロヒンギャが八〇万人いるとされるミャンマー北西部のラカイン州は、十五世紀から十八世紀にかけて「アラカン王国」で、地元は敬虔《けいけん》な仏教徒が主流でした。このため、多くの仏教寺院が観光資源としても、世界の観光客を集めています。

仏教の国でもあるミャンマーから見れば、バングラデシュから流れ込む異教のイスラム教徒を差別する流れは必定だったともいえます。

じつは中国にはロヒンギャ問題の解決にしゃかりきとなる理由があります。ミャンマー沖合の海底油田から産出するガスと石油を、七〇〇キロのパイプラインを二本、ミャンマー国内の南西にあるチャオピーから北東へ向けて敷設し、雲南《うんなん》省昆明《こんめい》への輸送をすでに開始しています。投じた額は二四億五〇〇〇万ドル。加えてラクヒン港の開発プロジェクトを開始している。

このミャンマー・ルートは中国にとって資源輸入の近道であり、また、マラッカ海峡をバイパスする貴重なルートでもあり、しかもこのパイプラインの陸揚げ、通過ルートがロヒンギャの住むラカイン州なのです。

十一月十九日に王毅《おうき》外相はバングラデシュのダッカを訪問し、ついで二十日にはミャンンマーの首都ネピドーに飛んで、スー・チーのほか、大統領、国防大臣らと面談し、「両国の協力関係と相互理解は重要であり、中国が調停に入っても良い」と啖呵《たんか》を切りました。

王毅がミャンマー指導部に提示した条件は三つです。⑴戦略的重要性にロヒンギャ居住区は位置しており、治安の回復が急がれる、⑵両国は平等に相互理解を進めるべきであり、⑶国際社会はロヒンギャ救援に協力すべきである。

中国は王毅の訪問にタイミングを合わせバングラの難民キャンプに、一五〇トンの支援物資を届けました。あまりに見え透いた行為ですが、いつものことです。

かくしてトランプのアジア歴訪後に派生的な問題、これから尾を引く問題が噴出してきた観があります。

南シナ海の実効支配を事実上許したアメリカ

福島　ASEANはすっかり中国になびいてますね。ベトナムといえども最大の貿易相手国は中国であり、依存度は非常に高い。ベトナムは八月に、南シナ海で操業中の漁船四隻が中国から襲撃を受け、一隻が沈没させられていますが、ベトナム最高指導者のグエン・フー・チョン共産党書記長は領有権問題について、中国を名指しで批判することは避けています。

ましてや他のASEAN諸国に関しては完全におとなしくなっています。トランプが南シナ海問題に言及しなかったことにより、ますますその傾向に拍車がかかるでしょう。事実上、南シナ海は中国の海になっています。「航行の自由」作戦をとってはいるものの、もう外交と経済のレベルでは取り戻せないことを、アメリカも暗に認めているのではないでしょうか。ぶっちゃけ諦《あきら》めたのではないか。

宮崎　最終決着をつけようとするのなら、軍事オプションしかありませんが、今、中国と事を構える余裕も意思もアメリカにはない。

福島　これはアメリカの事情通から聴いた話ですが、ハワイの情報将校、いわゆるマティス派の軍人と情報交換をしたさいに、南シナ海の問題というのは、結局武力、軍事力で強引にやる以外に現状を覆す方法がないという認識だったそうです。これは何もトランプが悪いのではなくて、オバマ政権の責任なんですが、私は今後南シナ海は事実上の棚上げで、その間に中国の実効支配が確実に強まるとみています。

宮崎　トランプの言っていることは、アジアの安全保障における日本の役割の拡大ですからね。つまり、日本はどうするのか、というのが問題の本質です。さしあたって、アメリカから日本は兵器購入を求められている。しかし事はそれだけですむはずがない。トランプに思想的影響を与えたパット・ブキャナンは産経新聞との単独会見（二〇一七年十二月三十一日）で「日本は独自の核武装を検討したらどうか」とすごいことを発言してますし。

福島　高い兵器を日本に売りつけるのはトランプの背後にいる軍産複合体です。つまり、ビジネスです。アメリカの軍事産業は、国防予算の大枠を決める「国防権限法案」の可決により、株価も上伸を続けています。何せ総額約七〇〇〇億ドル（約七七兆円）の予算規模で、政府案を約六〇〇億ドルも上回りました。「北朝鮮特需」の様相を呈しています。

宮崎　東西冷戦時のレーガン政権やイラク戦争などの戦時予算を除けば、国防費は過去最大の伸び率です。軍需産業の株価も急上昇しました。

福島　自衛隊の現場の方も言っていることですが、たとえば尖閣防衛にしても、最新の戦闘機を買ったからといって、防衛力が増すわけではないとのことです。それよりももっと、裏方の部分、たとえば、戦闘機を買うならばそれ以上に、戦闘機の整備体制を整えないと機能しない。むしろ今、整備の予算がカツカツなのが問題だそうですよ。

中国の度重なる領空侵犯で航空自衛隊は毎日のようにスクランブル発進しているわけですからね。限られた予算をどこに回したいですかと聴いたら、やはりレーダーのような情報収集にかかわる部門や、整備やメンテナンスにかかわる部分だ、と答えていました。

宮崎　しかし、そういうレーダーのような重要なものをアメリカは渡しません。あくまでアメリカ優位の日米同盟でなければならず、日本に売りつけるのは下げ渡しにすぎない。F16にしても日本型バージョンで航続距離をひどく短くしています。北朝鮮に爆撃に出ても帰りの航空燃料が積めない。

米中は「金正恩排除」を諦めていない

福島　でも本当に頼りになる同盟国日本を望むのであれば、そこが対等でないとどだい無理な話ですよね。

独立系華字メディア・多維ニュースはこう分析しています。

「日本は強大な経済実力を持っているが、国際的地位はずっと米国との関係の影響に頼っており、長期にわたって米国にとってのアジアの最重要戦略の基石であるというところに自分の居場所を見出している。しかし、トランプはアジアリバランス戦略をやめると言い出しており、そうなると、日本としては身の振り方をどうしたらいいのか？ これは安倍にとって悩ましい問題だ。しかも、問題は、トランプが中国に対抗する意思がほとんどないことだ。南シナ海、台湾の問題において、トランプはすでに〝白旗〟をあげた。大統領首席補佐官のジョン・ケリーは『中国は強国であるが、それがわれわれの敵になるという理由にはならない』『米国人が自分の政治体制をいたく気に入っていても、米国が外国の政権を論断することはない』『中国政府のシステムは中国人民に奉仕するのに適している』とも語っている。トランプが北京の敏感な問題を刺激せず、習近平と何度も会って、良好な友誼《ゆうぎ》関係を築いていることは周知の事実。いかに米国の反中姿勢が失われたときの地政的な均衡の崩れを解決するか、中日の紛争において米国が日本の要請を履行しない可能性にどのように対応するか？ 中米関係の好転は反中の先鋒《せんぽう》に自らの居場所を見出していた日本にしてみれば凶報だ」。これを読んでもわかるように中国はそうとう自信を深めています。

宮崎 アメリカの力のピークは湾岸戦争が境だったと思います。その後イラクで戦争を始めて、アフガニスタンに出て、もう疲れ果てた。戦費もさることながら、人命の損失があって、二つの戦争で七〇〇〇名近い戦死者を出しています。ムード的にも厭戦《えんせん》気分が漂っています。

アメリカの本音は北朝鮮は中国に処理してほしい。しかし「われわれが疲れているから」とは口が裂けても言えない。中国からすればさらにアメリカを弱体化させたい。お互いに疲弊させようとしている間に、北は着実に核・ミサイルを拡充してきた、というのがこれまでの経緯でしょう。これは下手したら、もう一年していよいよ北朝鮮が水爆の小型化に成功すると、それこそ今さら交渉ということで収まる話じゃないから、どちらかが手を出すか、あるいは、米中が軍事協力をして北朝鮮作戦をやるということだってありうるんじゃないかと思います。

福島　これはもう想像の域を出ませんが、今回のトランプの訪中でも、「金正恩排除」についても話し合いを行っているのではありませんか？

宮崎　米中首脳会談でもそうとう突っ込んだ議論をしているはずです。首脳に限らず、マティスのような実務者レベルでの会議も、首脳会談と同時に行われていたわけでしょう。北朝鮮のレジーム・チェンジ、金正恩の斬首《ざんしゅ》作戦も当然話し合われていたはずです。北朝鮮の核の共同管理についても。ただし、これらは議事録を残したにしても機密扱いですから早くても二〇年後にしか公開されませんが……。

どうしようもない韓国

宮崎　それにしても、半島問題でネックなのはわが道をゆく韓国です。

福島　先にも述べましたが、韓国はもはや国家の体をなしていない。韓国にまったく「当事者意識」がないという驚くべき実態があります。

宮崎　北の核が韓国に飛んでくるはずがないと信じているんですからね。ミサイルの話をしているときに、日韓両国政府が正式に合意したはずの「慰安婦問題」を韓国はまた蒸し返しました。さすがの安倍首相周辺も「平昌五輪に行くことは困難」と発言しましたが、ともかく韓国は約束しても果たさない国であり、政府など左翼のロビィでしかない実態が明らかになりました。慰安婦像を撤去するといいながら、「それは難しい」と前言を翻し、慰安婦像はソウルのバスや電車に乗ってちょこまかと走り、外国にも建立し始める始末。悪質な政治プロパガンダがあちこちで展開されています。

こうなると、韓国の政治においては、「約束」って、「なんじゃらほいの世界」、ところが日本は、愚直と言われるほどに約束事はかならず守る。身を賭《と》してでも法律を守る日本人からみると、韓国人の姿勢には驚きを通り越して呆然《ぼうぜん》とすることが多いですね。

北朝鮮が核兵器をこしらえ、ミサイルを飛ばして世界から非難されているのに、米朝対立は他人事のように、「仲介の労を執りましょうか？」などと妄言を吐く。

室谷克実《むろたにかつみ》氏と加藤達也《かとうたつや》氏の対談本（『韓国リスク』産経新聞出版）のなかで、二人は慰安婦像問題は「韓国の国教」であると定義していますが、なるほど合点がいきます。だから朴《パク》裕河《ユハ》（『帝国の慰安婦』の著者）の裁判は「宗教裁判」、つまり魔女狩りであった、というわけです。

したがって米韓関係の冷え込みぶりもすごいです。ようやく昨師走の十二月十二日になって、トランプ大統領は、懸案だった米国の次期駐韓大使にヴィクター・チャ（ジョージタウン大学教授、CSIS）を指名しました。なにしろ、駐韓大使は、トランプが訪韓した十一月七日時点でも決まっておらず、代理大使が職務を代行していました。前任者のマーク・リッパート大使は、韓国人暴漢にナイフで襲われ重傷を負って以来、ソウルの米国大使館は厳戒態勢にあります。

指名されたヴィクター・チャ駐韓大使は朝鮮半島全般の知識が豊富で、二〇〇四年から〇七年まではブッシュ政権下、安全保障会議で、北朝鮮問題の責任者を務めた。その政治的対場はタカ派ではありません。差し迫った北朝鮮の核ミサイル危機に、いかに対応するかチャ教授の外交官としての技量が試されることになります。米韓関係はTHAAD配備以来、前向きな展開は一つもないわけですが、米国は韓国との防衛協力に加え、FTA見直し交渉、さらには在韓米軍（二万八五〇〇名）の配置換えなど、重大な問題を多く抱え、これからの協議で対立が続きそうです。これまでの韓国であれば、ここまで北朝鮮の危機が高まったなかで、文在寅《ムンジェイン》のような左の大統領が出てきたら、韓国軍は軍事クーデタをやるに決まっていた。ところが今の韓国の軍人にはクーデタをやる意思さえない。韓国の歴史をみると軍事政権だけでしょう、比較的まともなのは。その軍が腐敗しちゃっている。

どうしようもない国に成り下がっちゃったね。

福島　しかも文在寅政権への国民の支持率はいまだに七〇％前後と高い。付ける薬がないとはこのことです。

宮崎　前大統領だった朴槿恵《パククネ》さんは、慣れない拘留生活で腰を痛め、今は車イスのようです。朴槿恵政権期の情報機関のトップらや側近が相次ぎ逮捕され、彼らが手錠をかけられ護送車に乗る映像が流れない日はないといいます。文在寅への高い支持率を支えているのは、こうした前政権幹部への清算が拍手喝采をえている面もある。朴槿恵さんのお父さんであり、韓国の経済発展の功労者である朴正熙《パクチョンヒ》の生誕一〇〇周年記念行事も、左翼団体によって妨害されている。死者に対する敬意すらない。

しょせん、トランプ訪韓の晩餐会《ばんさんかい》の席に元慰安婦女性を呼んだり、「独島《トクト》エビ」と称するエビの料理出すようなレベルの国です。

話は脱線するけれども、朴槿恵は今、山岡荘八『徳川家康』を読んでいるという噂を耳にしました。じつは『徳川家康』は中国でも大ベストセラーで、信長や秀吉より人気があります。徳川二〇〇年の「安定」と長期政権は中国人にとって垂涎《すいぜん》の的で、研究もされている。

弾劾を受けた朴槿恵もきっと思うところがあるのでしょう。

世界を動かす安倍外交の実力

福島　トランプの対中戦略が今後どのように変わるかは、正直なところまったく予見できませんが、今現在までの状況を客観的に言えば、これまで議論してきたように北朝鮮問題に対しては中国を頼りにしているようだし、米中融和と言うべき状況が起きています。米中融和に引きずられるかたちで、中国も対日姿勢軟化に動いている、という先ほど紹介した中国人学者の見方も、あるいは来たるG2時代を見据えて、中国が日本を取り込もうとしているという見方も、説得力がないわけではない。しかし私は、もう一つの見方があるのではないかと思います。

ビジネスマン的リップサービスをすらすら言える代わりに、たびたび発言や態度を大きく変えてきたトランプに、中国は警戒し始めているのではないか。そう考えると、安倍はそんなトランプに影響を与えるキーマンの一人であり、同時に明確に中国の脅威を意識して、対中包囲網をつくろうという地道な外交も行っている。ASEAN諸国への歴訪、訪米で着実に安保体制を構築しています。これまで中国は、日本を国際社会から孤立させることにより、日米分断を試みてきたが、五年を費やしても、それは成功していない。反対に中国が孤立している。ならば日本の懐柔に作戦を切り替えるのは当然の選択肢だろう。日本を懐柔すれば、日米を分断できるかは別としても、トランプに〝中国の脅威〟を吹き込むヤツはいなくなる。

すなわち中国としても安倍政権の外交力を侮れなくなったのでないか。

宮崎　落としどころを最初に探すというのが、良くも悪くも日本外交の特色です。欧米も中国も自分の要求をいかに突き通すかということで交渉を始めますから。トランプ政権になって国際協調の乏しいアメリカと他国をつないでいるのも日本です。

福島　日本は特に中小国との外交はうまいですね。相手国にとってみれば、自分の立場を酌んでくれる非常に有り難い外交で、恩を着せるのがうまい。そういう意味では安倍外交というのは、「嫌われない外交」として巧みなところがあります。

宮崎　しかし八方美人というのは、時として八方塞《ふさ》がりにもなる（笑）。

北朝鮮の脅威を利用して核を持つのか

福島　中国からすると今の安倍政権の動きは、「北朝鮮の脅威」論を借りて、憲法を改正し、国防を強化しようとしているようにみえるわけです。経済が落ち目と言われながらも、世界第三の経済大国が本気で再軍備強化すれば、中国にとっては北朝鮮の核より脅威といえなくもない。

しかも、中国にとって問題なのは、北朝鮮の脅威によって日本と韓国が核武装をする可能性が高まることもあります。それから中国の専門家のなかには、北朝鮮が核実験で失敗することを危惧《きぐ》する声もあります。核施設のある寧辺《ニョンビョン》は中朝の国境近くにあり、万が一事故が起きた場合、中国も甚大な被害を受けることになる。「寧辺はフクシマになるかもしれない」と。

少なくとも今しばらく、日本の中国に対する脅威論を和らげる必要があるのだと思います。だから、中国は対日関係改善に取り組み始めたのではないか。習近平個人はどうやら安倍と相性が悪そうですが、政権としてはそういう方向に持っていこうとしているように見えます。たとえ作り笑いだとしても、あの習近平から微笑を引き出した安倍外交はすごいと言わざるをえないと思います。

宮崎　日本の核武装はともかく、アメリカからの核シェアリングをする可能性は高いとみているのかもしれません。困ったことに、日本の知識人のなかには、中国と核シェアしろというトンチンカンな意見さえある。

福島　もちろん、微笑外交とはいえ、中国が将来的に尖閣諸島を奪い、台湾を統一しようという野心を隠し持っていることには変わりはありません。日中関係が雪解けムードになり、ハイレベルの交流が維持され意思疎通が深まることは大いに歓迎ですが。しかし、これはこれまでのように、仏頂面でお互いそっぽを向いているより、笑顔の下に思惑を隠して利害を争う交渉を行うことのほうが、よっぽど厳しい外交であることは言うまでもありません。

少なくとも、能天気な一部日本人・メディアが期待するような日中蜜月時代が来るわけではありません。中国の社会状況は、今ヒリヒリするような管理統制時代に入って、社会の各層から政権に対する強い不満が膨らんでいる。その不満のはけ口に、習近平政権はこれまでたびたび日本を利用してきましたが、これからも、日本が一番利用されることには変わりないと思います。

一帯一路で中国を消耗させよ

宮崎　習近平の日本接近の理由の一つは、反日外交の限界が見えたという点もあると思います。中国国内での反日デモ、靖国、南京、尖閣とすべてのカードを切ったのに安倍外交は中国に屈しなかった。安倍さんがなかなかしたたかだと思うのは、一帯一路へ日本が参加を表明したことです。中国の世界進出をあおって、消耗させるのが狙《ねら》いでしょう。

典型がニカラグア運河の工事の中断です。メキシコ新幹線のキャンセル（三七億五〇〇〇万ドル）、ベネズエラ新幹線の途中放棄、インドネシア新幹線の工事遅延と支払い条件の再交渉等々。ロス↔ラスベガス間の新幹線はアメリカがキャンセルしました。

海外プロジェクトの多くが、中国国内の鬼城《きじょう》（ゴーストタウン）のように幽霊設備と化けるのも時間の問題。だいたい、一帯一路を計画どおりに行うと、総額二六兆ドル、日本円にして三〇〇〇兆円もかかる。

英米の戦略は、そうやって中国を経済的にぶっつぶすことにあるのだろう、と私は推測していますが、安倍もその戦略に乗ったのではないか。したがって、一帯一路への日本の参加を心配する声もありますが、問題ないでしょう。

福島　ソ連をつぶしたレーガンの「スターウォーズ計画」と一緒ですね。

宮崎　トランプの罠《わな》。つまり「トランプカード」です。そもそもトランプって「切り札」という意味です。
米中を中心に世界は消耗戦を展開している。拙著『連鎖地獄』（ビジネス社）や『習近平の独裁強化で世界から徹底的に排除され始めた中国』（徳間書店）のなかでも強調しておいたのですが、日本もその一プレーヤーであると。少なくとも安倍はそうとらえているのでしょう。

福島　習近平政権は第一九回党大会で、党規約に「一帯一路戦略」の推進を書き加えて、これを党と国家の絶対的成長戦略として位置づけました。しかしながら、中国の少なからぬシンクタンクはこの戦略が失敗しかねない可能性について報告しており、また「財新」など主要メディアも言葉を選びながらも、この戦略の推進のリスクを訴えています。習近平にまともな判断力があれば、一帯一路を事実上の棚上げにするでしょうけど、習近平自身がごり押し的に党規約に盛り込んでしまった手前、やめるにやめられない、という内実がありそうです。

しかしながら、何かのきっかけで、うまく資金が回ってしまって、軌道に乗ると、これは中国の軍事戦略ですから、日本にとっては「中国の安全保障上の脅威」を拡大することになります。かかわり方の匙《さじ》加減が難しいですね。日本としての「一帯一路参加表明」の狙いを、政府から企業、金融機関に至るまで正しくとらえているかどうかが重要だと思います。

宮崎　いみじくも麻生《あそう》財務相が中国のＡＩＩＢを「サラ金」と比喩《ひゆ》したように、高金利が追いかけてくる、身ぐるみはがれる仕組みとなっていたことを知らねばなりません。

たとえば、スリランカの南に位置するハンバントタ港は、当初国際流通ルートのハブとすると中国は言っていましたが、その港に中国の潜水艦が出没し、軍港として活用する中国の本音が露呈しました。

シリセナ新大統領はいったんはすべての中国プロジェクトの見直しを発表したのですが、契約内容を盾に返済金の高利を要求するなどの脅しで、中国はハンバントタ港の九九年の管理運営権を得ています。熾烈《しれつ》な「反中暴動」が燃え広がったにもかかわらず、同港はすでに中国海軍の潜水艦基地化していると比喩しても過言ではなく、近未来にインド洋を扼《やく》す地政学的な要衝となるとただならぬ警戒態勢をニューデリーが敷くのも無理はありません。

同じ手口で次に中国はモルディブに急接近しています。

スリランカのハンバントタ港の例をわれわれは他山の石とすべきです。

第二章

「習一強」に死角あり

日印接近を警戒する中国

福島　習近平が日本に軟化したのは、日印関係の接近という要素も大きいと思います。

中国の戦略は平均水深が約一一四〇メートル、最深部で約五〇〇〇メートルある南シナ海を内海化し、原潜を潜ませ米本土を核・ミサイルで狙《ねら》える態勢にしたい。ですから、逆にみると、日本とインドが両側から南シナ海を海上封鎖すれば、中国封じ込め作戦ができるわけです。

また、インドは、人口においても二〇二四年には中国を追い抜くといわれています。すぐそこです。モディ政権はうまく舵取《かじと》りをして、インドは高度成長しています。ひょっとすると経済としての競争力は、インドのほうが近い将来強くなる可能性がある。

宮崎　中国の人件費が今のままだったら、為替相場における元高現象も加味すれば日本の人件費に近い。インドのほうが確実に強くなりますよ。

福島　だとすれば、市場の規模としても、安い商品の世界の工場としても、中国を超えてインドのほうが存在感を増す可能性は高い。ＡＳＥＡＮのバランスも変わってきませんか。

宮崎　同感です。ＡＳＥＡＮは経済的に生産、流通、消費に至るまで中国のシステムにビルト・インされてしまいましたが、インドはそうではない。

インドは中国の一帯一路戦略の「海のシルクロード」、別名「真珠の首飾り」をインド包囲網戦略だと判断しており、一帯一路フォーラムの会期中にもアメリカと日本を交えての軍事訓練を展開しています。その翌週にはモンゴルでも軍事訓練を行い、中国の野心を正面から阻む構えを強めている。インドの軍事費は二年連続で前年比で九％増やしています。

そして、インドは中国になびくASEAN諸国にも外交攻勢を仕掛けています。

まずベトナムへ「ブラモス・ミサイル」の供与を決めた。このミサイルはマッハ二・八、射程二九〇キロで、もともと旧ソ連とインドの共同開発でスカッドミサイルの改良から進化させたものです。二〇〇一年に実験に成功し、その後、格段に改良されて戦闘機、巡洋艦ばかりか潜水艦発射型もあり、パラセル諸島（西沙諸島）などの局地戦で威力を発揮する。

さらにインドはベトナムに対して五億ドルの軍事援助の信用供与を約束しています。

また、インド洋を横断し、アフリカ大陸へのシーレーン確保を狙う中国に対し、インドは、海洋に眼を転じ、中国海軍の行く手を遮る戦略に出ます。中国の石油輸入の八〇％は、インド洋からマラッカ海峡を越える。インド洋が、中国の経済の生命線であり、インド洋を「中国洋」にはさせないという決意を示すため、前述したように米軍との軍事同盟を強化し、日本を加えた三カ国で共同軍事演習を展開してきています。

この軍事演習は「マラバール二〇一七」と命名され、一〇日間にわたった。そのうえ、この列にオーストラリアも加えようとしている。南インド洋にはオーストラリアのほか、フランスもいくつかの島々を領有しているので、巻き込もうとしています。

アメリカもまた、インドへ輸送機など三億六五〇〇万ドルの軍事物資供与を決めました。加えて二〇億ドルにおよぶ無人偵察機の供与を検討しています。

インドが仕掛けた大地殻変動

宮崎 多くの日本人は関知しておりませんが、インドはCPEC（中国パキスタン経済回廊）に風穴を開けました。これは地政学上の大地殻変動と言っていい動きです。

パキスタンはアジアで最大の親中国家と見られてきました。なにしろ中国とは半世紀を超える軍事同盟国であり、事実上の「反インド同盟」ですからね。

パキスタンの最南西部のグアダール港から新疆《しんきょう》ウイグル自治区のカシュガルまでの「中国・パキスタン経済回廊」が鳴り物入りで建設されていますが、インドはこれを「パキスタンを植民地化しようとしている」と、中国を激しく批判してきました。言うまでもなく、インドへの軍事的脅威となるからです。そのうえ中国はCPEC拡大のためアフガニスタンを正式に加えました。昨師走、王毅外相はパキスタンとアフガニスタンの外相を北京に呼びつけ、この話をまとめています。

しかし、インドは予想を超える迅速さで動き出しました。まさに「インド太平洋」と持ち上げられ、トランプ大統領がハノイでベトナム共産党幹部と面談した日に、インドはグジャラート州の港から、パキスタンのカラチ沖合を通過して、イラン最東端のチャーバハール港に小麦一五〇〇〇トンを陸揚げし、それを内陸国家アフガニスタンのカブールへ届けました。すなわち、パキスタン経由を避けたのです。

最初の貨物は一万一〇〇〇トンの小麦で、インドからアフガニスタンへの援助物資です。地図を開いていただくと明瞭《めいりょう》ですが、インドの北西部はグジャラート州。ここの州都はアーメダバードでモディ首相の出身地であり、日本が大規模に肩入れしているインド新幹線のターミナル駅です。安倍総理はインド訪問のさいに大歓迎を受けたのがここです。

グジャラート州のカンドラ港を出航し、インドの宿敵パキスタンのカラチ沖合をかすめて、イランの港への海洋ルートは、従来の貿易ルートでも細々としてしか物資の陸揚げ、出荷がありませんでした。このチャーバハール港からイランを北上すれば、西側はアフガニスタンです。

アフガニスタンへ向かう物資は、これまでほとんどがパキスタンのカラチへ陸揚げされ、中国が支援するCPECを通じてイスラマバードあたりで分岐し、アフガニスタンへも運ばれていた。

インドにとってパキスタンは宿敵、かつては東パキスタン（現在のバングラデシュ）をめぐって戦争を展開し、バングラデシュのパキスタンからの独立を支援した。

その後、パキスタンは米国が敵視するアフガニスタンのタリバンを密かに支援する一方で、米国の軍事支援と引き替えに、国内に米軍基地の使用を認めていた。

中国はアフガニスタンで銅鉱山を開発していますが、じつはインドもアフガニスタンへ投資し、鉱山を二つ開発しているのです。そのインドにとって敵国の商業港カラチへの物資陸揚げは、利敵行為ともなりかねず、かねてから代替ルートを確立するためにイランと交渉をかさねてきていました。

そしてイラン最東端にあるチャーバハール港の増強、開発プロジェクトに投資し、四つのバースを完成させた。このチャーバハール港は四四〇ヘクタール。これまでの年間取り扱い貨物は二一〇万トン。インドが投じた開発投資は八五〇〇万ドル。このチャーバハール港からイランを北上し、アフガニスタンのザランジへ物資を運ぶルートが完成した。これを「インド─イラン─アフガン回廊」といいます。

ふつうに考えれば、イランを制裁しているアメリカには歓迎できないことでしょう。ところがアメリカは、アフガニスタン支援のためであり、同時に将来の軍事的脅威である中国とパキスタンの死活的なルートの代替となると歓迎しています。もう一つ、このルートは米軍の対アフガン兵站《へいたん》に使えます。

リチャード・ロソウー（CSIS，米国インド研究センター主任）は、「これまで間接的なルートしかなかったから輸送費用、日数が高いモノについてきた。インドの商業行為は、米国が目指し、すでに三〇億ドルもの巨費を投じてきたアフガニスタンのインフラ建設に貢献するものであり、イランの核開発に結びついていない」と評価しています。

ちなみにチャーバハール港に隣接する工業団地にインドは二〇億ドルを投資して鉄鋼プラント等を立ち上げ、同港からイランを北上し、アフガニスタンまでの八〇〇キロの鉄道建設も担っています。この結果、チャーバハール港の陸揚げ能力は二一〇万トンから年間八五〇万トンに劇的な向上をみせています。

この新ルート開発は、一九七三年にシャー・パーレビが発案したものですが、ホメイニ革命で挫折し、長く放置されてきた。インドがそれをなしとげたわけです。

今後インドの役割はますます高まるでしょう。

中国包囲網の構築

福島　日本はイギリスともロンドンで開催した外務・防衛閣僚協議（2プラス2）で、自衛隊と英軍の共同訓練拡大を含む安保分野の行動計画を策定しています。これは初めてのことで、日英連携を深めています。「自由で開かれたインド太平洋地域の維持」を共通の利益とし、英国による安全保障面での関与強化を歓迎するとの共同声明を発表した。新型空対空ミサイルの試作も始めるようです。

安倍はプーチンとの関係も着実に構築しています。プーチンと習近平は北朝鮮問題でも一貫して対話路線で協調し、一見仲良さそうに見えますが、長い国境を接している中露は潜在的に敵国同士です。プーチンは中国の軍備拡張と経済膨張に対して不信感を抱いている。

北方領土交渉は進展していないようにみえますが、日本は経済協力というカードを出すことにより、中露の接近を確実に阻んでいます。

宮崎　インドはロシアとの関係も深い。インドの武器関係の九〇%はロシア製です。インドの南西にあるゴアへ行って驚いたのは、ロシア人がいっぱい。二四時間営業のカジノやら飲み放題のバーがある。モスクワとゴアの間にも直行便があるのです。ロシア・ゲートが壁となっていますが、トランプはロシアとの関係改善をはかろうとしていました。

福島 これまでインドは中国やアメリカといった大国とはある程度の距離を保っていましたが、ここにきて、モディ政権は日米に急傾斜しています。そして、そのインドを一番利用しているのが安倍外交です。

私はけっして安倍シンパではありませんが、前章でも述べたように外交政策に関してはなかなかセンスがいいと思います。おそらくそれは安倍自身の人柄によるところが大きいのではないでしょうか。つまり、ちょっと可愛いところがあるのだと思います。モディとかトランプとか、プーチンのような強面《こわもて》の人間からすれば。

宮崎 一番強面のプーチンと非常に相性がいいと言いますね。それから安倍は強運の持ち主です。第一次安倍政権のときに、安倍は政権を放り投げて、政治家としては一度終わっていた。それが中国の猛烈な反日行動により、自民党の党首選に奇跡的に打ち勝ち、解散総選挙で圧勝し、首相に返り咲いた。一七年十月の解散総選挙も北朝鮮問題が追い風になったことは間違いないでしょう。その二カ月前の都議選では自民が大敗し、「モリカケ」批判も最高潮に達して、野党やメディアは安倍を追い落とすために解散しろしろとまくし立てていたわけですから。

しかし、政治家にとって運を味方につけるのも重要な資質でしょう。

福島　強運といえば、トランプも習近平も明らかにそうです。習近平に強運をもたらしたのは二つあると言われています。トランプと奥さんの彭麗媛《ほうれいえん》。

宮崎　今でこそ「習一強」などといわれていますが、国家主席になるまでは国民的歌手の奥さんのほうが有名だったから「彭麗媛の亭主」と言われていた（笑）。

福島　その前は、「習仲勲《しゅうちゅうくん》の息子」です。

張陽の自殺の真相

福島　インドとのからみでいうと、じつは胡錦濤《こきんとう》派軍首脳で最も力のある房峰輝《ぼうほうき》、張陽《ちょうよう》の二人が八月に突如失脚したのは、この二人がクーデタの首謀者だったという説があります。一七年五月以降のブータン・中国の係争地ドクラム高地で中印両軍がにらみ合い、一触即発の危機が生じたのは、彼らが仕掛けたのではないかと。中印国境緊張は、解放軍のドクラム高地での軍用道路建設がきっかけで、これは習近平の指示ではなく、軍の独断であった、という噂があります。参謀長という立場にあった房峰輝の指示であったのではないか、と。しかも彼は中印撤退協定の調印にも最後まで抵抗していたがため、参謀長を解任された、というのです。

つまり、胡錦濤派軍首脳で最も力のある房峰輝、張陽の二人が連携して、中印国境危機に乗じて、政変を仕掛けようと準備をしていたのではないか、という憶測が出ています。また別の香港筋は、一六年、一七年と北京をはじめ中国全土で頻発している退役軍人デモを裏で画策していたのも、張陽、房峰輝だと言っています。退役軍人デモに乗じて政変を計画していたという。

宮崎　その張陽（前中央軍事委員会政治工作部主任）が十一月二十三日に自宅で首つり自殺をしていたというから、驚きました（報道は二十九日）。福島さんのいうことがもし本当なら、口封じに「自殺」させられた可能性がある。そして年が明けて早々に房峰輝が失脚です。

張は軍高官のなかでも、失脚した郭伯雄《かくはくゆう》、徐才厚《じょさいこう》ら元副主任らに取り入り、大出世を遂げ、広東省に贅《ぜい》を尽くした豪邸を持ち、自宅からは巨額の現金ならびに贅沢品が見つかったなどと「公式発表」がなされた。しかし中国軍事に詳しい人の情報は逆でしょう。張陽は清廉で徳のある軍人だったという。政治部主任は軍の序列でいえばナンバー4に該当します。したがって彼の自殺の意味することは甚大です。

張陽は四二集団政治部主任を経て、広州軍区政治部主任、中央軍事委員会政治工作部主任を務めた大物であり、本当に「自殺」だったのか、そうとう怪しい。

福島　だとすると、房峰輝も自殺させられる可能性があるわけです。

もっとも、中国国内報道では、張陽は徐才厚閥で、房峰輝は郭伯雄（失脚済）と利益供与関係にあり、二人ともひどく腐敗しており、だから、失脚したともっぱら喧伝されています。私はこの汚職説は目くらまし報道であると見ています。

だいたい、張陽は根っからの胡錦濤派で、二〇一四年以降、解放軍報への寄稿や軍内の公式会議の場でじつに一三回も江沢民派の徐才厚、郭伯雄を批判しています。張陽が江沢《こうたく》民《みん》のお気に入りの賈廷安を押しのけて総政治部主任の座に就いたのは、間違いなく南部大雪害対策で活躍した功績を強く推した胡錦濤の力ですから。張陽はこの後、ことあるごとに胡錦濤派としての忠誠を表明してきました。

徐才厚は軍内の「江沢民の代理人」であり、胡錦濤の軍権掌握をずっと妨害してきた人物です。その張陽と徐才厚が結託していた、という話には無理がある。

したがって、中国メディアは、張陽は口先では徐才厚らを批判していたが、裏では汚職でつながっている、と報じています。

宮崎　ともかく北京発表の「官製報道」ほどフェイク・ニュースはないですから。

中国の軍を握る中央軍事委員会のポスト

福島　張陽らが本当に〝クーデタ〟を計画していたかどうかはわかりませんが、確実に一つ言えることは、張陽も房峰輝も、習近平の軍制改革には内心強い不満を抱いていたことです。それぞれ総政治部主任、総参謀部参謀長という軍内で極めて強い権限を持つ地位から、中央軍事委員会主席の習近平の秘書レベルにまで事実上格下げになったわけだから、面白いわけがない。

対照的に習近平は十一月二日に、二〇一六年に中将に抜擢《ばってき》したばかりの張昇民《ちょうしょうみん》を中央軍事委員にし、上将に引き上げています。張昇民は習近平と同郷の陝西《せんせい》省出身で、縁が深い。一中全会では中央軍事委員会の副主席には制服組の許其亮《きょきりょう》が残留し、もう一人は張又俠《ちょうようきょう》が就任しましたが、従来一一人だったメンバーも七人に減らされました。

「銃口から生まれた」共産党にとって、軍の掌握こそが権力の基盤となるので、ここで少し中央軍事委員会のポストについて読者のために解説します。

まず、中央軍事委は従来、主席一人・副主席の二人・委員の八人で構成され、その人事は党中央委員会が選出します。トップの主席は、総書記が兼任することが多く（例外は鄧《とう》小平《しょうへい》で、国家主席、総書記を退いた後も中央軍事委員会主席に就いていた。江沢民も総書記引退後もしばらく留任）、今は中央軍事委員会主席は文民で、周知のように習近平が就いています。その下の二人の副主席には軍人である制服組が就いている。許其亮が留任したほか、前装備発展部長の張又侠が委員から昇格しました。ちなみに、張は元軍幹部の父親が習近平の父である習仲勲と戦友で、息子同士の関係も緊密です。

今回減らされたのは委員のポストで、八人から四人に半減しました。四人が年齢により引退したほか、自殺した張陽と逮捕された房峰輝の二人が失脚し、副主席となった張又侠、魏鳳和《ぎほうか》・前ロケット軍司令官は委員に留任した。新たに委員になったのは李作成《りさくせい》（参謀長）と苗華《びょうか》（政治工作部主任）、それから前述の張昇民です。陸海空軍トップは習近平の強引な人事だったため階級は中将で、今回就任は見送られ委員が減ったと十月二十六日付け「産経新聞」は解説しています。委員に選出される階級は原則上将です。

李作成も苗華も習近平が上将に引き上げました。

習近平は党と軍の大粛清を行う

宮崎　軍は習近平の友だち、仲間がベテランを押しのけて、現在の幹部層を形成しており、客観的にみても、この軍隊は末端に到るまで不満が蓄積されていて、いざ戦争になった場合機能しないのではないか、と見られています。

また、習近平は十月末には治安維持をはかる人民武装警察の指揮権を中央軍事委に一本化する方針を示し、権力基盤を固めています。

私にとって、衝撃的だったのでよく覚えていますが、まだ党大会が終わる前の十月十四日付け在米の反共産党系華字紙「博訊《ボシュン》新聞網」に「党大会が終わると、習近平が着手するのは党と軍の大粛清ではないか」という論文が出ていた。つまり、習近平は、毛沢東やスターリンのような大粛清を行うのではないかと。

『収容所群島』で世界的に有名となったソルジェニーツィンは、スターリン時代にソビエトで粛清された犠牲を六六七〇万人だとした。この数字に信憑性《しんぴょうせい》はありませんが、歴史学者の多くは、これに近い数字をあげています。そして、そのなかにはブハーリン、ベリアなど、戦友も含まれていた。

また、毛沢東も文化大革命では同僚だった劉少奇《りゅうしょうき》、林彪《りんぴょう》を血祭りにあげ、粛清した血の犠牲者は少なく見積もっても三五〇〇万人、多ければ六〇〇〇万人とも言われています。

習近平もそれに倣い、最強の皇帝、「第二の毛沢東」になろうと執念を燃やしているのではないか。

福島　私も習近平が「第二の毛沢東」になろうとしている宮崎さんの見方には全面的に同意しますが、じっさい軍制改革に成功しているかはまだ意見保留です。というのも、習近平は中央軍事委副主席の二人から四人体制にしたかったという説もあるからです。

これを党大会直前の七中全会で話し合うというリークが香港メディアに流れたのですが、このリーク元がどうやら習近平筋だと。

なぜなら、いわゆる制服組二人体制だと権力が集中しすぎるからです。失脚した徐才厚と郭伯雄がそうで、あれだけ軍内で強烈な権力を持てたのは、その体制のためだと。この二人が西と東で結びつき中国解放軍を完全に牛耳っていた。これを習近平は恐れたわけです。ですから、今の副主席は一応習近平派とはいえ、習近平は本当には制服組を信じてないというのです。

したがって、軍事委員会の定員が削減されたのは、毎日新聞が解説していたような「スリム化」ではなく、産経新聞の解説にあったように、相次ぐ粛清と強引な人事により委員になれる上将が本当にいなくなってしまった、というわけです。私は、人材不足説のほうを支持しています。

じっさい、七中全会で、中央軍事委員に関する人事がいっさい漏れなかったということが、相当揉《も》めたことをうかがわせます。つまり、やはり中将を委員に引き上げるわけにはいかないという話になったのでしょう。

宮崎　しかも張陽はたんなる失脚ではありませんからね。「自殺」というのは軍内における「大事件」として、強い衝撃を人民解放軍に与えますよ。軍人らの習近平に対する怨念《おんねん》は、ますます深まったと見るべきでしょう。

福島　軍内で過去五年に失脚させられた高級将校は約一六〇人です。うち少将以上で自殺した者が、一七人以上。おそらく今後もっと増えるでしょう。戦闘以外で軍の高級将校がこれほど多く死ぬのは明らかに異常です。

それに今回の人事にしても、習近平が抜擢を狙った複数の軍高官はかならずしも、党中央委員に選出されているわけでもありません。

党大会は習近平圧勝か？

福島　ところで、宮崎さんは政治局常務委員の新しい顔ぶれをどうご覧になりましたか？

ナンバー1、2の習近平と李克強《りこくきょう》、党内序列ナンバー3は栗戦書《りっせんしょ》（六七歳）、ナンバー4に汪洋《おうよう》（六二歳）、ナンバー5に王滬寧《おうこねい》（六二歳）、ナンバー6に趙楽際《ちょうがくさい》（六〇歳）、ナンバー7に韓正《かんせい》（六三歳）です。

宮崎　私は発表のあった十月二十五日には、たまたま南アフリカの首都プレトリアに滞在していたので北京からの中継番組は向こうのテレビで見ていました。

率直に言って、今度のトップセブンはパワフルな政治家が不在だなと思いました。党大会前に大きなポイントとして挙げられていた王岐山も引退が決まり、毎日新聞が十月十八日に一面で「陳氏、中国副主席に内定　習氏の後継固まる」で常務委員入りと報じた陳敏《びん》爾《じ》（重慶市党委書記）と胡春華《こしゅんか》（広東省党委書記）もトップセブンからは外れた。

新トップセブンのメンバー自体は十月二十二日に私がメルマガで書いたとおりだったので特に意外性はありませんでしたが、ナンバー3が栗戦書だったのはえっと思いました。

このなかで、政治力があると思われるのは汪洋くらいで、あとは一癖も二癖もありそうですが、政治的パワーはない面々です。栗、趙は習近平派で、李克強と汪洋が団派。そして韓正は上海派で、王は無派閥。三派鼎立《ていりつ》のバランスを維持したかに見せながらも、習派を確実に多数派としていることに留意すべきで、まずは「習近平圧勝」の人事と言っていい。これまでの中国の歴史が示すように胡春華や王岐山のような実力者は排除されていきます。

福島　私もやはり胡春華が政治局常務委員から外れたことは大きいと思います。習近平が自分より一〇歳若い共青団派のエースを恐れていたことは間違いありません。

これにより、最高指導部が後継者候補二人を指名し、政治局常務委員会入りさせ、その二人を競わせる形で指導者として育成するという慣例が破られ、習近平政権は後継者未定のままで、二期目に入ることができるわけです。習近平からすれば、後継者がいないという口実ができた。自分が三期目も党政・国政の主導権を握り続け、長期独裁体制を確立できる可能性が広がった。胡春華が政治局常務委員会入りできなかったことは、習近平の第一九回党大会までの権力闘争における一つの大きな成果であったといえます。

それから、共産党中央委員のヒエラルキーの上部組織・政治局二五人の顔ぶれのなかに、明らかに習近平に従順、忠実な習近平派とみなせる人間が一四人前後いることも、習近平の勝利といえる点だと思います。つまり過半数が習近平派になったことになる。

また中央委員会メンバー二〇四人にしても、引退年齢（六八歳）に達していない共青団派メンバー、たとえば李源潮《りげんちょう》や劉奇葆《りゅうきほう》らが退任し、およそ六割が入れ替えられました。その多くの新メンバーが習近平におもねる政治家たちです。これで、政治局会議、あるいは政治局拡大会議、中央委員会全体会議において、習近平が、経済政策や外交などの失策で責任を問われて突然総書記職を解任される、といったシナリオはほとんどなくなったわけです。

共産党の権力闘争史をみると、こうした会議の場での政敵による多数派工作により、権力の座から引きずり降ろされる解任劇は珍しくない。じつは習近平はそれを恐れていました。華国鋒《かこくほう》も胡耀邦《こようほう》も、旧ソ連のフルシチョフもそれで失脚しましたから。

権力闘争、勝負は五年先

宮崎　ただ、軍制改革と同様に習近平が三選を目指す体制固めに成功したのか？　ということと私はかなり懐疑的です。

日本でも有名なオックスフォード大学の歴史学者のニーアル・ファーガソンが、習近平の完全権力掌握という報道に対して非常に懐疑的なんですね。ファーガソンは西側メディアは三つのことを見落としていると指摘しています。

一つは「習近平思想」というが、それを煎《せん》じ詰めると中華帝国の復興、偉大なる発展ということでしかない、つまり覇権主義でしかない。二番目に権力基盤を固めたというが、前述したように、トップセブンは胡錦濤派が二人、江沢民派が一人、無派閥が一人という構成ではないか。そして三番目の指摘が一番大事なのですが、経済政策に関して具体的には何も明示されていないと。つまり、習近平が目的としているのは毛沢東2.0であると、つまり毛沢東の第二幕を始めるのだと。

しかも、個人崇拝が危険なことを中国人はよく知っています。

福島　私も体制固めに成功したというよりは、権力闘争の先延ばしをしたと見たほうが近いと書きました（チャイナ・ゴシップス）。陳敏爾が常務委員会入りできなかったこともそうですが、習近平の妥協も垣間見える党大会だったと思います。

私の仄聞《そくぶん》したところでは、北戴河《ほくたいが》会議で胡春華と陳敏爾の政治局常務委員入りは内定していたといいます。

そこまではよかったのですが、習近平が陳敏爾を胡春華よりも序列上位につけることにこだわったため、党中央の強い抵抗にあい失敗した。陳敏爾を上位につけられれば、たとえ習近平の三期目の野望が阻まれたとしても、院政を敷く道が開けたからです。

しかし、地方の行政経験も短く、政治局委員ですらない陳敏爾の実力を大幅に超えた出世をさせることは叶《かな》わなかった。今の習近平の権力基盤ではここが限界だったのでしょう。

宮崎　確かに謀略説もあります。それでも一応二人とも政治局員には入れましたよ。

福島　だから勝負は五年先とも言えますね。

第一九回党大会では、胡春華は政治局常務委員会入りするだけの人望と実力、経験値は備えていたと思います。ただ、団派からすれば、胡春華だけを政治局常務委入りさせるのもリスクが高い。習近平vs.胡春華の直接対決構図が、おのずとクローズアップされることになりかねないわけですから。陳敏爾が一緒であれば、陳敏爾vs.胡春華が牽制しあう形になりますが、さすがに習近平との直接全面対決では、胡春華がつぶされる可能性が高い。用心深い胡春華は、体調不良などを理由に政治局常務委入りを辞退し、習近平との全面戦争を回避した、という話も漏れ伝わってきます。

宮崎　濱本良一《はまもとりょういち》氏（国際教養大学教授。元「読売」北京支局長）は、党大会に百歳になる宋平《そうへい》が出席した事実などを踏まえ「党指導層が生き残りをかけて生んだ総意」（『エルネオス』、一七年十二月号）だと分析しています。

王岐山の後継者・趙楽際の実力は怪しい

宮崎　今回私がまったくノーマークだったのが、趙楽際《ちょうらくさい》です。この人が王岐山の跡を継いで、中央規律検査委員会書記として反腐敗キャンペーンをするわけですが、長く習近平の部下だった。そして今度の、あの長ったらしいあくびが出る三時間半におよぶ演説の草稿は、どうやら彼と陳敏爾のグループが書き上げたといいますね。しかも一七年の一月から準備していたわけでしょ。しかし、趙楽際が引き継ぐ反腐敗キャンペーンが実力者の王岐山のようにうまくいくかは疑問です。

福島　趙楽際は〝偉大なるイエスマン〟、ごますりと出世と揶揄《やゆ》される官僚です。陝西省委書記時代、習近平の父親である習仲勲の巨大墓所「習仲勲陵園」整備計画を打ち出したことで、二〇一二年秋、習近平政権のスタートとともに、政治局委員に抜擢されました。

趙楽際の祖父（筋）・趙寿山《ちょうじゅさん》（建国後は青海省主席）が習仲勲と親友であり、習仲勲が毛沢東から反党的だとして攻撃されたとき、身を挺《てい》して毛沢東から習仲勲をかばったという逸話があります。以来、家族ぐるみの親交が続いているといいます。ただ趙楽際自身は、開明派の祖父と違い、思想的には毛沢東の信望者であり、共青団系でありながら、改革派とは程遠い。彼は習近平の下では中央組織部長として習近平人事を推し進めてきました。ただし評判を聞くかぎり、さほど切れ者でもないので、王岐山でさえ二七回も暗殺未遂にあったという「危険」な職務を全うできるかどうか、はだいぶ怪しいですね。王岐山は第一期習近平政権でこそ発揮しませんでしたが、相当な経済通で、言ってみればスーパー実務家でした。

ちなみにこの趙楽際は、二〇一七年の五月に陝西省で大きな汚職事件が発覚したとき、あわや失脚寸前のところまで行きました。彼が陝西省の書記だったころに常務委員会の秘書長だった人が大規模汚職で摘発されたのです。常務委員会ぐるみの汚職であったので、当然趙楽際も疑われて、周りは失脚するとばかり思い込んでいた。ところが、それがフェニックスのように復活したのです。やはりこういう能力の比較的低い、ゴマすり人間タイプで、ちょっと脛《すね》に傷のあるようなのが習近平は安心できるのかもしれません。

習近平の最側近・栗戦書は団派との関係も深い

宮崎　福島さんがトップセブンでほかに注目されているのは?

福島　このなかで有能ということでいえば、習近平の最側近の栗戦書《りつせんしょ》です。私は栗戦書の悪い噂を聞いたことがありません。人情家で非常に優しくて共産党員では珍しく汚職もしない。娘の栗潜心《りつせんしん》に不正蓄財疑惑があると、香港・サウスチャイナモーニングポスト(二〇一七年七月十九日)が報じましたが、SCMPは翌日、裏付けが取れない情報だったと訂正を出しました。私も官僚政治家全体のなかでは比較的クリーンであると見ています。

宮崎　栗戦書と習近平は下放されていた時代隣りの県で互いに書記を務め、よく相談し合っていたといいますね。

福島　習近平もだから栗戦書のことは好きだと思うんですけれども、この人の良さというのがネックで、彼は習近平派の中心人物でありながら、共青団とも仲がいい。したがって、権力闘争においては非情になり切れないのではないかと思います。

彼が本来、王岐山の跡を継ぐはずでしたが結局、その任務を外されました。それはひょっとすると、栗戦書の人情家の部分が、非情な習近平にそこまで信頼されていない、ということを示しているのかもしれません。

あるいは、本当の意味で習近平は栗戦書を信用できないのかもしれない。というのも、栗戦書は習近平に対し全面的に逆らったことがあるからです。

栗戦書は河北《かほく》省党委員会秘書長時代に、当時の河北省委書記であった程維高《ていいこう》に苛《いじ》め抜かれ、あわやつぶされそうになったことがあった。このとき、助け舟を出したのが当時、陝西省委書記であった李建国《りけんこく》です。李建国が栗戦書の遭遇している不条理な状況を中央に説明し、陝西省常務委員会秘書長に引き抜かなければ、今の栗戦書はいなかった。団派の李建国は二〇一五から一六年にかけて習近平によって失脚させられそうになりますが、このとき習近平に逆らって李建国の失脚を防いだのは、栗戦書でした。これが栗戦書が義理人情に厚い人間という評価の一つの根拠になっている反面、習近平からすれば信用できないのかもしれません。

宮崎　いずれにせよ、本人にとっては、この苛酷《かこく》な任務から外されたことは幸いでしょうけど。

福島　下馬評によれば栗戦書は全人代常務委員長（国会議長に相当）になりそうですね。その場合、彼の役割は、国家主席任期を二期と決めている憲法を改正して、習近平政権の延長を画策する任務を負わされるかもしれませんね。

「戦闘力ゼロ」の王滬寧の役割

宮崎　トップセブン発表のテレビ中継を南アフリカでみていたのですが、一人浮かない顔していて印象的だったのが、ナンバー5の王滬寧《おうこねい》。彼は胡春華が外れて一席あいたからスッと入ってきたようなものじゃない。

福島　誰も文句を言えない人間を誰か入れておこうということで、王滬寧を入れたと思うんですけれど。

王滬寧は地方の行政経験がゼロで、政治家ではなく研究者肌のスピーチライターです。江沢民の「三つの代表」、胡錦濤の「科学的発展観」、そして今回の「習近平新時代の中国の特色ある社会主義思想」のいずれも王滬寧が中心となって理論構築しています。「三つの代表」と「習近平新時代の~思想」は路線として真逆で、このことは王滬寧自身が時の政権の御用理論家であることの証左でもあるわけです。いってみれば、琉球新報にも八重山日報にも書き分けることができるコラムニストみたいなタイプですね。

宮崎　草柳大蔵《くさやなぎだいぞう》みたいじゃない、赤旗と文藝春秋とに書ける。

福島　そうですね。したがって、権力闘争的には「戦闘力ゼロ」でしょう。地方の行政経験がないということは、部下もなく独自の派閥もないということです。積極的に権力闘争にかかわらないようにしながら、その時々の強いほうに傾斜して生き抜くタイプなのでしょう。だから本当は政治局常務委員になどなりたくなかったのだと思います。

宮崎　心ここにあらず、という顔をしてるんだもの。

福島　鬼の巣窟《そうくつ》ですよ、政治局常務委員なんて。だから、よほどタフな人間でないと、生きて行けません。ただ、習近平は王滬寧を非常に頼りにしているのも事実で、王滬寧は習近平に外交のときに耳打ちして、助言しています。また地図をつくるのもうまい。

宮崎　習近平の外遊にはかならず付いて行きますからね。ニクソン、フォード政権につかえたキッシンジャーのようでもあります。

福島　ですから、習近平の訪米時に、トランプがシリアにミサイルを撃ち込んだ、と習近平に告げたのは王滬寧が席を外したときを見計らったのだ、という話もあるくらいです。要するに王滬寧が側にいると習近平もまともなことを言うらしい。

もう一つ言うと、彼は思想的には左派、新権威主義です。たとえば中国の反日暴動だったり、反日的な外交政策も、王滬寧の入れ知恵だと私は聞いています。要するに、そういうのを利用して適度に国民のガス抜きをする。彼は頭がいいからその絶妙のタイミングがよくわかるわけです。ただ、彼のことが私は人間的に好きではありませんが。

結構言いたいことを言う性格らしく、一度習近平の不興を買って、失脚説が出たことがありましたね。三度結婚していますが、最初の妻は国家安全部幹部の娘で、その関係で復《ふく》旦《たん》大学教授時代は、学者の立場を利用して特務の仕事もこなしていたとか、二番目の妻は復旦大学の学生であり、その後、東京大学の院に留学したのだけれど、日本の公安当局からスパイとしてマークされたので八カ月で留学を切り上げて帰国した、といった話が残っています。学者が安全部に依頼されて諜報《ちょうほう》活動することはよくあるのですが、彼の場合は、その後、政権の中枢で理論構築や外交の仕事に長く携わってきたので、習近平としては信頼しているというよりも、できるだけ身近において、きっちり手綱を握っておきたい類の人物ではないでしょうか。

ついでに言うと、王滬寧が期待されているのは、習近平の指導思想の理論構築をさらに強化して、党主席制度導入に根拠を与える理屈をこね、キャンペーンを張ることでしょう。そして、憲法を改正して国家主席の任期を二期までと決めている現行の制度を変えさせることを栗戦書に望んでいるわけです。

宮崎　それはそれで難事業ですね。

共青団巻き返しのシナリオ

福島　たとえ、党主席制が導入されたとしても党主席制度＝集団指導体制の崩壊というわけにはいきません。それこそ政治局常務委員会を解散させないかぎり不可能です。

私が秘かに期待するのは共青団派による集団指導体制です。序列四位に入った汪洋と李克強がともに五年後の第二〇回党大会時に留任して、今度こそ新たに政治局常務委入りする胡春華を補佐するかたちで、共青団派主導の集団指導体制を確立するというシナリオです。この可能性はまったくなくはない。

五年後、習近平が六九歳で引退を迫られますが、李克強も汪洋も六七歳、政治局常務委員会に留任できる可能性がある。そういう意味でも今回王岐山が留任できなかったのは習近平には痛かったはずです。

汪洋は国際派であり、その思想も本質的には改革派、開明派です。イデオロギー、路線的には習近平と対立します。同い年というライバル関係上、李克強とは相性が悪くても、共青団派としては忠実です。李克強が仮に健康状態を理由に引退すれば、首相を務められるくらいの実力は持っています。彼は閑職・名誉職的な全国政治協商会議主席のポジションに就くようですが、習近平としてはやはり、その有能さを警戒したのかもしれません。

共青団出身官僚政治家は、よくも悪くも官僚的で、国際派で、実務派で、リアリストで、権力闘争はどちらかというと関心が薄く、共産党史上初めて本格的な政治改革に取り組もうとした胡耀邦の薫陶を受けたエリート集団です。しかも六〇后（一九六〇年代生まれ）はポスト文革時代、天安門事件前の中国社会の民主化希求の熱気のなかで青年期を過ごした世代です。彼らが最高指導部で党政・国政の主導権を握ったときに、中国の方向性が変わるかもしれない、という期待は、中国の体制改革を望む人間に共通しています。

仮に習近平がこのまま勝利し続けたとしても、粛清というのは、やればやるほど拡大していくという負の連鎖なんです。

ということは習近平が皇帝さまになるのも束の間、自分で共産党をつぶすことになりかねない。

宮崎　個人崇拝の危険と悲劇を中国は文革で痛烈に学んだはずです。このパターンはずっと中国歴代の王朝史が繰り返してきたことですから。

第三章

常識ではまったく
理解できない中国経済

中国の「共産党資本主義」を見誤った世界

宮崎　軍のクーデタというシナリオは捨てきれないにしても、また共青団との権力闘争もそうですが、「習一強」の寝首をかくのは、経済崩壊です。昨秋の党大会を勝ち抜くまで、中国はそうとう強引な経済政策をやってきました。その無理が一挙に祟《たた》りかねない。

イアン・ブレマーという未来学者も二〇一八年一〇大ニュース予想のトップに中国の要因を挙げています。

日本人が、いや世界がと言ってもいいのですが、まったく理解していないのは中国という国の統治システムの異形ぶりです。いみじくも毛沢東が言い残したように「五％の組織された人間（中国共産党）が残りの九五％を支配する」のが中国の国家体制で、民主化という政治体制の変革など西側諸国の幻想にすぎない。

そもそも、古今より中国では「独裁」は悪い言葉ではありません。『管子《かんし》』に「明主は広く聞いて独断す」とあり、『韓非子《かんぴし》』には「よく独断する人こそ天下の指導者にふさわしい」とあるように、なにしろ「まつりごとの民にやさしきは、それすべて乱のはじまりなり」と教えている。言語感覚が日本や欧米とは決定的に異なることを知ったほうがいいでしょう。

私は以前、『現代中国「国盗り物語」』（小学館、二〇一二年）で書きましたが、中国という国は、匪賊《ひぞく》、山賊、海賊に類する猛者たちが国家をもぎ取り、支配し、富の独占を図ってきました。近代政治学のいう「国民国家」ではなく、「毛沢東国家」であり、「習近平国家」そのものです。習近平の強権支配、対外膨張は確かに問題ですが、毛沢東以来中国共産党の歴史を見れば、その本質が何も変わっていないことを知るでしょう。

毛沢東時代は暴力で政権を奪取し、蔣介石《しょうかいせき》残党を殲滅《せんめつ》、余勢を駆ってチベット、ウイグル、内モンゴルを完全制圧したあと、暴力の刃の矛先を国内に反転し、政敵を粛清した。百家争鳴、反右派闘争から文化大革命と、独裁を完成させるための権力闘争のもとで、多くの庶民が餓死し、政敵の粛清によって合計数千万人が犠牲となりました。

「毛沢東の死後、周囲にいた江青《こうせい》、王洪文《おうこうぶん》らの『四人組』をクーデタで退治して華国鋒なる軍人が暫定的に毛王朝を引き継いだ。さらに、その王朝を簒奪《さんだつ》して『毛沢東主義』を看板に掲げながら中身をすっかり変更し、『改革開放』を標榜《ひょうぼう》した鄧小平は、毛王朝の共産主義路線を『市場重視路線』へと改鋳したのである。

鄧小平が始めた改革開放、というより『先富論』を拡大して『権力の市場化』（在米中国人ジャーナリスト・何清漣の言）を図った江沢民は、鄧小平のノウハウを駆使して、国富をがっぽりと自分のものにした。江沢民の『三個代表論』という論文を裏読みすると、財閥や資本家も共産党の仲間に入れて限りなく稼ぎまくろう、独裁権力が続く限り富を独占し続けて繁栄しようということである。この時点で、プロレタリアート独裁という共産主義の原理は、限りなく行方不明になった」（拙著『現代中国「国盗り物語」』）

今の中国は共産主義でもなければ、資本主義でもない歴史上初めて現れた異形の国です。もし中国がふつうの共産主義国家であったなら、経済発展により豊かになれば民主化するだろうと欧米社会は高をくくっていたわけですが、見事に読み間違えた。今ごろ歯噛《はが》みしてももう遅いのですが。

福島　何清漣《かせいれん》はそれを「共産党資本主義（コミュニスト・キャピタリズム）」（『中国――とっくにクライシス、なのに崩壊しない〝赤い帝国〟のカラクリ』程暁農《ていぎょうのう》との共著、ワニブックス、二〇一七年）と名づけています。「中国モデル」とはその美名にすぎない、と。政治体制においては全体主義、経済政策においては国家資本主義（国家が主導・管理する資本主義）をとる。その極度な略奪性――資源を掌握する権力を握り、その一方で市場を通して権力を金銭に変えるモデルを「権力の市場化」と言っているわけです。

興味深いのは、共産党資本主義のおかげで民主主義国より急激な経済成長を遂げることができた反面、衰退も宿しているという指摘です。なぜならこのシステムは短期的にワールドクラスの大富豪を生み出しましたが、それは数億の貧困者の犠牲の上に成り立っているからです。この構造はちょっと「一億総中流」といわれる経済発展を遂げた日本人には想像がつかないと思います。

宮崎　何清漣女史の名言は「権力の市場化」でしたね。

欺瞞だらけの「中国崩壊論」批判

福島　最近はいわゆる「中国崩壊論」に対し、崩壊しないじゃないかとの批判がかまびすしい。たとえば、「中国崩壊本の崩壊カウントダウン」(「ニューズウィーク」二〇一七年十月二十七日)という記事がその典型ですが、中国経済は一〇年以上崩壊せず「崩壊詐欺」と批判しています。私自身の立場はこのまま習近平の独裁が強まれば共産党が崩壊すると言っているのであって、中国人がいなくなるような中国崩壊は「日本崩壊」同様起こりえないと思っています。タイトルだけを見て、一口に「崩壊本」とくくるのではなく、その本が何を論じているのか、共産党がなくなるのか、中国経済が崩壊するのか、はたまた中国という国家が分裂するというのか、を読んだうえで批判してほしいですね。

宮崎　まぁ石平《せきへい》氏もニューズウィークのインタビューで答えていましたが、タイトルはだいたい出版社が決めることが多いですから。編集者も崩壊本のタイトルはインフレ状態で考えるのが大変だと、皆、頭を抱えていますよ（笑）。

それはさておき、「中国の経済成長がまだ続いている」、「その証拠に鉄鋼生産は伸び、不動産価格が上がっている」などと中国当局のフェイク数字を検証もしないで、報道している日本のメディアや経済評論家こそ、問題です。彼らは中国の代理人なのではないか。

パンダ・ハガー（親中派）の代表選手であるディビッド・シャンボー教授でさえ、新作『中国の未来』（本邦未訳）で崩壊論に転じています。シャンボーはキッシンジャーやエズラ・ヴォーゲルの仲間であり、中国政府にも厚遇されてきた人物です。彼の新作に目新しい分析はありませんが、典型的な親中派学者が転向したという事実はもっと注目すべきでしょう。

「中国経済が崩壊すると予言してきた人は、現在の中国経済の成長ぶりに対して反論できないだろう」などとヘンテコな意見をよく耳にしますが、二〇一三年から明らかに崩壊している中国経済の実態を直視しないどころか、隠蔽《いんぺい》してさえいる。彼らは鬼の首をとったように崩壊論を批判しますが、それなら、われわれのように具体的な事例や数字の根拠を示したうえで、絶対崩壊しないという本を書けばいい。売れますよ、習近平が大量に買ってくれる（笑）。

福島　この記事では中国の政府統計に反映されていない「地下経済」の数字は大きく、崩壊論者はこれを無視していると指摘していますが、その地下経済自体が大きく縮小しています。確かに地下経済が全体で二〇〜三〇％を占めていた時期もありましたが、官僚を締め付ける「贅沢《ぜいたく》禁止令」は地下経済にもおよんでいるからです。

宮崎　また、崩壊本が売れた背景を「00年代以降、排外主義的な傾向が強まり、『ネトウヨ』と呼ばれるネット右翼が台頭。ナショナリズムによりどころを求める風潮も広がった」と解説しますが、これこそステロタイプ。江沢民以来の反日政策、東シナ海東ガス田開発、相次ぐ尖閣の領海侵犯、教科書や靖国参拝への内政干渉等が先にあったことを無視しています。朝日新聞のような極端な親中報道を垂れ流しつづけてきた国内メディアの責任も問うていません。背景というなら中国人の反日ナショナリズムにも目を向けるべきです。

すでに中国経済は崩壊している

福島　じっさい、中国経済はすでに破綻《はたん》していると言えなくもない面があります。遼寧省《りょうねい》は二年続いて名目成長がマイナス二〇％以上で、実質でもマイナス二％以上であることが判明しました。これはどう考えても破綻しているとしか言いようがない数字です。

遼寧省のとんでもないマイナス成長がバレたのも、要するに遼寧省というのが習近平にとって李克強などの政敵の地だからです。政敵の温床の地ということで、徹底的に叩いたらもう嘘《うそ》がつけなくなって水増し分を全部言ってしまった。では習近平のお仲間の地方は大丈夫なんですか、という話です。

私が二〇一一年か二〇一二年に浙江省《せっこう》にいたときですが、目に見えてGDPは下がっているのがわかりました。数値にこそ出ていませんが、企業は皆夜逃げしているような酷い有り様だった。

宮崎　特に温州はね。

福島　タイムラグはあるけれど中国は各地で崩壊しているんです。実質は崩壊しているけれど、崩壊するとやがて再生が起きる。三一ある直轄市・省・自治区レベル全体として一斉に崩壊していないからわかりにくいだけで、崩壊しているとしか言えない状況は各地で起こっています。

宮崎　中国報道に携わって北京特派員を一〇年、産経新聞のベテランのチャイナウォッチャーの矢板明夫《やいたあきお》氏も、「中国経済は『タイタニック号』のような大きな船であるため、穴がたくさん開いたとしても沈むのには時間がかかる」（『習近平の悲劇』産経新聞社、二〇一七年）と冷静に分析しています。

データ改竄《かいざん》といえば、遼寧省に続き、吉林省《きつりん》と内蒙古《うちもうこ》自治区の経済データも「加工されたもので、真実から遠い」と党中央が名指しで批判しました。

二〇一七年の国務院ＧＤＰ成長目標は六・七％でしたが、吉林省は七・二％、内蒙古自治区は六・九％という報告がなされた。石炭不況、鉄鋼生産不況などで、景気後退は明らかなのに。

「データを偽って報告すると、その数字に基づいて次の計画を立てるわけだから、基本の経済計画が狂う。党の信頼を損ねる」として、綱紀粛正をもとめると習近平は吠《ほ》え、今後は七〇万社の企業から直接データを収集するとも発表しました。もっとも、実現されるかどうかは極めて怪しいですが。

むろん、すでに香港を拠点とする西側の銀行証券保険などのシンクタンクは、中国の国家経済統計局発表のデータを端から信用していません。国家統計局のデータ改竄、数字の歪曲的《わいきょく》拡大などは周知の事実であり、前の統計局長が汚職容疑で逮捕起訴され、有罪判決を受けています。

王保安《おうほあん》前局長の有罪確定は斯界に大きな衝撃を与えましたが、その後もデータ改竄が終わったという話は聞かない。

ともかく生産の誇大数字、失業率の過小評価などは日常のフェイクであり、より正確とされる「李克強インデックス」（電力消費量と鉄道貨物輸送量、銀行の融資残高の三つが正確だと李首相は指摘した）さえも、西側のエコノミストらは、高い信をおいていないのが事実です。

経済崩壊必然の図式

宮崎　中国の高い経済成長を支えた図式を整理すれば、中国経済が崩壊に向かう必然の流れであることがわかります。

　中国は世界一の人口大国という安い人件費と土地などの資源、外資優遇税制をエサに、日本企業や世界のグローバル企業の直接投資を促すことにより「世界の工場」としての地位を急速に確立した。また、安い中国製品の輸出でドルなどの外貨を稼ぐ一方、じっさいよりも割安の価格でドルと固定することにより外貨を集めた。固定相場制から変動相場制という人民元改革を行われれば、通貨の切り上げ、つまり人民元の価値が上がるからです。中国は今にいたるもＷＴＯ（世界貿易機関）加盟の条件であり、ＳＤＲ（ＩＭＦからの特別引出権）に人民元が加わるときの絶対条件とされた変動相場制に移行していませんが、緩やかに切り上げることにより、外貨を集めてきました。そうして集めた外貨準備を担保に人民元を大量に刷り国内の消費と投資をさらに高めた。つまり、中国は国内への投資と海外への輸出の両輪で急速な工業化を成し遂げたわけです。

したがって投資と輸出が鈍れば中国経済は失速する図式になっていた。

まず、リーマン・ショックにより世界の需要が減り輸出が激減。外資の撤退が始まった中国は激減した輸出を国内の設備投資と不動産投資で賄った。前者は過剰設備、過剰在庫を生み、後者は不動産バブルを生んだ。両者を支えていたのは地方政府の債務ですが、その結果、国有企業のゾンビ化と不動産をはじめとした資産バブルが膨張した。国有企業の連鎖倒産、バブル崩壊により債務が爆発すれば地方政府はデフォルトの危機を迎える。一方、世界経済においては、過剰在庫と人民元安がもたらすデフレと中国人の投資による資産バブルの輸出となって表れました。

また、中国への投資と人民元の信用を支えていた外貨準備の流出も中国の息の根を止めることになるのでしょうね。通貨安は輸出を有利にする半面、外貨流出を招くジレンマを生む。加えて、外国からの債務の膨張を意味し、直ちに地方政府のデフォルトに結びつく。

結局、世界経済において、需要が伸びないかぎり工業化による中国経済の復活は望むべくもない。だが、残念ながら世界中が未曾有《みぞう》の低金利政策を行っても、需要を創出することはできませんでした。万が一、需要が伸びたとしても、人件費の高騰で製造業における中国の輸出競争力は以前ほど高くないのが現状です（ちなみに平均月収を比較すると中国の沿岸部ではすでに五〇〇ドル、比べてバングラデシュ＝九〇ドル、インド＝一七〇ドル）。

したがって、工業化による輸出から内需拡大型の経済へ向かわなければならないわけですが、中国市場においては購買層となる中産階級と富裕層は多くない。「一四億の市場」など幻想にすぎないのですが、そのことは次章で述べたいと思います。要するに中国は、外においては世界経済の需要不足、国内において一党独裁体制の収奪システムにおける内需不足により、構造的に衰退に向かうほかはない。

地方政府が元凶

福島　世界の工場＝工業化の終焉《しゅうえん》が中国経済失墜の本質ということですね。工業化の終焉はグローバリズムの終焉と言いかえることもできるのではないかと思います。結局、グローバリズムの恩恵を受けていたのは、中国をはじめとした新興国と、新興国の工業化に投資することにより利益を得ていたグローバル企業にすぎなかった。

反対に先進国は安い労働力と土地を提供する中国に製造業を奪われ、雇用も激減する羽目に陥った。結果的に格差が増大し、国民の怨嗟《えんさ》の声がブレグジット、トランプ政権を生んだ。要するに「自国ファースト」という保護主義は、国内に製造業と雇用を取り戻すという動きでしょう。これはトランプの問題ではない構造の問題です。

中国の問題に戻れば、製造業に行き詰まったカネが不動産投資に殺到しバブルを膨張させた。中国の地方政府の財政収入の大半が土地の売買によって得ていますから。不動産は手っ取り早いので、住宅の供給がどんどん増えています。一説に今後一〇年分の在庫がすでにあるとか。

宮崎 しかも国有銀行が率先して不動産デベロッパーに融資する図式です。地方政府は経済成長のノルマ達成のために幽霊都市の建設というバカげたことをしたわけです。

典型が地方都市の地下鉄建設でした。歳入を超える建設費、需要がないことがわかって、パオトウ（包頭）市などは途中でやめちゃった。

地方債務の合計五九〇兆円、日本のGDPを凌駕《りょうが》する数字です。ということは不動産バブルがはじける前後に金融ショックが起こるのではないか。いったい「宴のあと」はどうなるのか？　本書のタイトルを『中国や「宴のあと」の恐ろしさ』とつけたかったのは、そのような理由です。

周小川が中国の「ミンスキー・モーメント」を警告

福島　そのことは中国の学者もわかっていて、本音ではバブルをある程度のところで、はじけさせたいと思ってはいるようです。周小川《しゅうしょうせん》人民銀行総裁も党大会に合わせたイベントで、「ミンスキー・モーメント」（資産価格が持続不可能なペースで上昇する、あるいは信用の伸びが止まった後に資産価格が急落することを意味する）を言いだし始めた。

「景気循環を増幅する要素が経済にあまりに多く存在すれば、景気変動のぶれが大きくなる」

「物事が円滑に進んでいるときに過度に楽観的であれば緊張が高まり、それが急激な調整につながる可能性がある。ミンスキー・モーメントと呼ばれる状況で、われわれは特にこれを防がなければならない」

と異例の警告をしました。

もちろん、周小川は具体的に何が問題だと発言したわけではありませんが、本音ではヤバイと考えているのではないでしょうか。

以前彼はシステミック・リスク（金融機関の破綻や情報システムダウンなどが、発生した金融機関以外にも広まり、決済システム全体が麻痺《まひ》する危険性のこと）はないと断言していましたが、私はありうると思います。

宮崎　周小川（中国人民銀行総裁）は「中国のグリーンスパン」と一時は評されました。リーマン・ショックをヘリコプター・ベン（ベン・バーナンキ前FRB議長は資金供給を増発して危機を乗り切った）の方式で乗り切り、一五年の上海株暴落では人為的な取引停止、空売りの事実上の禁止などの荒療治を用いました。

そのうえ、狐が木の葉を札びらと化かすかのように人民元をIMFのSDR（特別引出権）入りさせ、加えて外貨流出を資本規制という禁じ手で防衛した。

周小川は朱鎔基《しゅようき》・元首相の弟子です。朱鎔基はじっさいに辣腕《らつわん》家でしたね。彼が来日した折、私も質問したことがあるのです。「日本は経済成長すると円が強くなったけど中国はGDP成長は高いが、人民元は安くなっているのはなぜでしょうか？」って。

その朱鎔基もWTOに加盟し、国有企業改革に大ナタを振るい、四〇〇〇万人を解雇し、民営化、市場化に乗り出して、これには西側が瞠目《どうもく》しました。通貨改革も、また彼が主導したものです。

しかし、その後を継いだ温家宝《おんかほう》も、李克強も国務院総理という経済政策の要に位置しながらも、朱鎔基が実践したような大胆な経済政策に舵取《かじと》りはできませんでした。

経済政策最大のリスクは習近平

宮崎　過去一五年の長きにわたって中国の金融財政政策の中枢にいた周小川も、ようやく賞味期限切れでしょう。問題は第二期習近平政権で誰が経済政策を担うのか。

福島　他にやれる人がいなかったからですね。周小川はじつはバリバリの上海閥なので、習近平としては排除したかったはずですが、さすがに人民銀行の総裁職となると誰でもできるわけではなかったからやむを得なかったのでしょう。

宮崎　後継者候補として蔣超良《しょうちょうりょう》（湖北省書記。元吉林省書記）、郭樹清《かくじゅせい》（中国銀行業監督管理委員会主席）、易剛《えきごう》（中央銀行副総裁）と三人の有力者が経済界の下馬評に挙がっていました。

蔣超良は、エコノミストではありませんが、政治畑の辣腕で習近平が注目しています。順当なら郭樹清でしょう。エコノミストとして世界に知られるエリートです。易剛も著名なエコノミストです。

易は、周小川の直接の部下でもあり、関係から言えば一番深い。ただ、日米欧と異なって、中国では中央銀行総裁人事も政治的コネクションの強さで決まるので、誰が最右翼で誰がダークホースかというくらいの予測しかできませんけどね。

福島 あと経済・金融畑で、劉鶴《りゅうかく》は政治局委員に昇進しました。習近平の経済ブレーンの劉鶴（党中央財経領導小組弁公室主任）、劉士余《りゅうしよ》あたりでしょうか。劉士余は二〇一五年の上海株急落を受け、中国証券監督管理委員会トップに就任しました。彼の就任以来、政府は市場を操縦した業者に巨額の罰金を科しています。

ただはっきり言うと、劉鶴にしても、郭樹清にしても、また楼継偉《ろうけいい》にしても、習近平の周りには優秀な人は何人かいますが、この人たちがもともと言っていた経済理念と今の中国の経済政策は全然当てはまらない。結局、政治力を武器に経済政策も習近平がやっている、これが中国経済の最大のリスクではないかと思います。

宮崎 習近平は経済のことをほとんど何もわかっていないのではないか。それなのに「全面深化改革」「中央財経指導」などの経済小組を乱立し、李克強から経済政策を全部取り上げて、習近平自らがトップに就き、側近を事務局の要職にあてました。李克強の担当は創業促進や技術革新、雇用対策にとどまるといわれています。だから「リコノミクス」ではなく、「シーコノミクス」、「習」の発音は「シー」。笑えない冗談です。

福島 習近平はマクロ経済政策で大きなミスを少なくとも二つ犯しています。上海株の株高誘導と、人民元の切り下げです。これで市場は大混乱に陥り、中国の国際的な信用がガタ落ちしたのはまだ記憶に新しい。

習近平がやろうとしているのは、マクロ経済政策でも何でもなくて完全なる統制経済です。市場を自分たちの都合のいいように強引に統制する。購入規制、売却規制、価格制限と何でもありです。

宮崎　おっしゃるとおり、上海株式市場というのは事実上の「官営」市場となった。いってみれば、株価操作のギャンブル場と化しました。九割がたの個人投資家はカモにされ、身ぐるみをすべて剝《は》がされるか最悪は自殺に追い込まれています。それでも金儲《もう》けしたいという願望だけで株式市場に殺到するから中国人はすさまじい。このあたりの狂気も日本人の理解がおよばないところでしょう。

ただし蛇足を加えますが、二〇一七年の一年間で世界全体の株式は一九%上昇し、時価総額が七〇兆ドルになったので、この恩恵をたっぷり受けて上海株の大暴落はなんとか回避できました。

福島　一五年の上海株の暴落では邦貨にして約四二〇兆円が泡と消えました。これは投資家一人当たりにすると平均四二〇万円もの損失です。

宮崎　前述の朱鎔基がやったことの一つは、株式市場を国有企業の資金調達の場にすることでした。だから首相の指示でどんどん上場させた。海外で一〇〇年かかる規模を一〇年でやったと言われています。

外貨準備のカラクリ

宮崎　中国の外貨規制は、消費を冷やし、景気後退につながりますが、中央銀行は外貨流出を極度に恐れている。外貨流出は同時に人民元の大下落をもたらすからです。

海外送金は審査が厳格化され、さらには企業の外貨借入の前倒し返済を禁止し、香港などで取引される海外運用の保険商品購入も規制された。過熱したビットコイン取引も全面的に排除し、と中国は外貨流出を防ぐために、ありとあらゆる手だてを講じている。

これは拙著（『連鎖地獄』ビジネス社）でも書いたことですが、私は中国自慢の世界一の外貨準備高が事実上マイナスなのではないかと、にらんでいます。そうでなければ、公表では三兆ドル超もあるのに、これほどまで躍起になる必要はないはずです。

そのカラクリをわかりやすく図式で示します。

二〇一八年一月末の中国の外貨準備は三兆一〇〇〇億ドル（A）

対外資産は一兆五〇〇〇億ドル（B）

保有米国債は一兆一〇〇〇億ドル（C）

ところが対外債務は四兆六〇〇〇億ドル（D）

それゆえ簡単な計算式では「A＋B＋C」－D＝一兆ドル強となる。だがCの米国債保有はAの外貨準備高に算入されている。したがってどう計算しても、外貨準備はマイナスとなるのです。

そのうえ、CIA筋によれば、不正海外送金が四兆ドル余。あまつさえ外貨準備の中身は外国企業の資産である。たとえば中国に進出した外国企業は利益を送金できない状態が続いている。外国銀行からの借り入れが、そのまま外貨準備高に計上されています。

じっさい、不思議なことに、香港の関係者によると二〇一七年九月に中国が国債を二〇億ドル（約二二〇〇億円）相当の起債をすると言い出したんですが、ドル建てなんです。米ドル建て国債の発行は一〇年超ぶりで、しかも過去最大規模。これ、おかしいでしょ。SDR入りで人民元は「ハード・カレンシー」と認められているのに、なぜ中国が自らドル建てにする必要があるのか。もっとも人民元建ての中国国債を買うのは日本です。それを指導するのが外務省と財務省。日本の大手銀行幹部はこの両省の天下りが多い。つくづく日本って、官僚主義の無責任体制だなあ。

福島　大量に刷った人民元で調達したドル、すなわち自分たちのものではないドルを外貨準備に組み込んでいる実態を、じつは人民元がハード・カレンシーではないということを中国は理解している証左でしょう。

習近平は一五年の人民元暴落の恐怖を身をもって体験したわけですから。おそらく人民元の自由化の方向には習近平政権ではいかないでしょう。

爆買いの後に起きること

宮崎 中国人の海外旅行はピークを超えてしまったと思います。中国人の「爆買い」は世界に脅威の印象を与える一方で小売業界は商機到来ととらえた。ホテルや、デパートばかりか、ドン・キホーテなど、あらゆる店舗が改装し、中国語のできる店員を雇い、さらなるブームに備えた。欧米でも同じ対策をとった。ところが、爆買いは「突然死」を迎えました。銀座のブランド旗艦店をのぞかれるといいでしょう。店内がガラガラです。

外貨持ち出しが制限され、ATMから現地で引き出せる上限は一日に一万元（およそ一六万円）、年間に五万元（八〇万円）となったのも束の間、二〇一七年十二月三十日に当局は、後者の上限を一万五〇〇〇元（二四万円）に制限するとしました（前者は据え置き）。

これっぽっちの上限枠では海外で食事をして、交通費などを考えると、土産にまで予算は回らない。一年に一回ていどしか海外旅行は楽しめなくなる。逆に言えば中国人の観光客が世界的規模で激減するでしょうね。日本でもすでにその兆候があり、かれらの食事場所は豪華レストランから、吉野家、回転寿司、立ち食い蕎麦、すき家などに移行していいます。過去二年間の動向をみても、中国人ツアー客相手の免税店は閑古鳥、店員は暇をもてあまし、地方都市（福岡、神戸、長崎など）でも、ホテルはがらんとしている（クルーズ船が主流となったからだ）。カメラ店も、ブームは去ったと嘆いている。

新しい外貨規制は、二〇一八年一月一日から実施されています。中国政府の発表では、目的は（一）資金洗浄を防ぎ、（二）テロリストへの資金の迂回《うかい》を止める。（三）脱税防止としていますが、そんな表向きのことより（そもそもATMを使って利便性の高い現地通貨を目的地で引き出す上限が一日一六万円ていどで、資金洗浄、テロ資金、脱税などに転用されるはずがないではないか）、本当の目的は底をついている外貨を防衛することでしょう。あれほどブームだったビットコインも中国では取引所が停止されたため、突然ブームは去った。ビットコインは昨秋から日本に熱狂が移った（が、そのうちのいくばくかは在日華僑《かきょう》、日本人を代理人に立てた中国人投機筋だろう）。

次なる対策として、おそらく中国は海外で購入した資産売却に走る。つまり買収した企業、土地、不動産の売却です。また同時に「上に政策あれば、下に対策あり」の中国人のことだから、別の手口により新現象が併行して起こるでしょうね。第一はヤミ金融、地下経済、偽札の横行が予測され、第二に外貨持ち出しも、小切手や証券などの手口が使われ、詐欺的な新手口が見られるようになるでしょう。

第三にこれまで日本などで買ったロ一レックスなどを逆に日本に持ち込んで売却することも予測され、ダイヤモンドなど換金価値の高いものが逆流することになるのではないでしょうかね。

海外で相次ぎ挫折する中国企業

宮崎 中国は外貨規制により海外企業や不動産買収は前年比四五％まで抑える一方で、中国共産党高官らの巧妙な手口による海外流出が止まっていません。中国はロシア最大の資源企業「ロスネフチ」の大株主となり、コンゴのコバルト鉱山企業の大株主になるため二六億ドルをぽんと支払った。コバルトは次世代電気自動車のバッテリーの要となるレアメタルです。したがって、このように国家戦略が絡む案件は外貨規制の例外です。

福島 中国は今や米日に続く世界第三位の海外投資大国です。国内の製造業が疲弊し、外資も撤退するなかで、海外に目を向けるしかなかった。エネルギーや鉱業、運輸、銀行など海外投資をしている中国企業は二万社以上あるといわれていますが、「九〇％以上は赤字」(中国経済貿易促進会の副会長・王文利《おうぶんり》)で、トラブル続きです。

宮崎　一帯一路も世界各国で衝突しうまくいっていないことは前に述べました。中国の海外投資は国家戦略とは別の面もあります。たとえば、最大財閥「大連万達集団」、鄧小平の孫娘と再婚した呉小暉《ごしょうき》の「安邦集団」も、立て続けに失速しています。大連万達集団は中国各地にディズニーランドに匹敵するかのようなテーマパークに映画村をつくり、ハリウッドへ進出し、映画製作会社買収に名乗りを上げ、北米の映画館チェーンに続いて北欧でも複合シネマチェーンの買収を狙っていました。ところが、中国当局の外貨規制に直面し、懸案だった海外企業買収はすべてが挫折、そればかりか手元資金確保のため、国内のホテルチェーンを売り飛ばしました。万達集団は事実上経営危機です。これまで持ちこたえたのは保有する映画館チェーンと娯楽施設、ホテルチェーンなどを売却して回転資金を捻出《ねんしゅつ》できたからです。

しかし万達集団の有利子負債およそ一四兆円(孫正義《そんまさよし》とほぼ同額、ダイエーも有利子債務が一二兆円前後だった)、返済期限を迎える社債の決済も控えており、どのような手を打つかと思っていましたが、子会社「万達科学技術」(未上場)の従業員を六〇〇〇名から三〇〇名に削減するとし、一七年十一月末から解雇に踏み切っていたのです。突然の解雇を通告され、退職金が給与の二カ月。五%の社員が残るものの、これではテクノロジー開発などできるわけもなく、いずれ整理に踏み切ることが予測されます。

安邦集団もまた、天下の名門老舗《しにせ》「ウォルドルフ・アストリア・ホテル」にトランプタワーの豪華マンションなど、派手にアメリカへ進出してきましたが、新しい買収に待ったをかけられた。それればかりか、呉自身が身柄を拘束された。米国に逃亡した郭文貴との面《めん》妖《よう》な取引が疑われたからと言われています。

王岐山との深い関係が取りざたされ急成長していた「海航集団」も火の粉がふりかかりました。

海航集団は、海南島の入り口、海口を拠点の海南航空から出発し、同飛行機会社は保有機数一六〇機余の急成長、今では日本へも乗り入れている。この航空会社は不動産、ホテルチェーンにビジネスを拡大し、強気の買収で肥り続けてきました。

ヒルトン・ホテルチェーンの一部、ドイツ銀行の大株主、スイスのデューティ・フリーショップへの出資など。王岐山との特殊な関係があるのではと噂され、世界の投資家が注目していました。現に外貨持ち出し規制が強まっても、同社には例外的な措置がとられていました。

しかし十月の党大会で王岐山の引退が決まると、直後から海航集団は企業規模の圧縮と有利子負債の返済に舵取りを換え、利息八・八七五％という高利の社債を発行して、運転資金の確保に走りだした。五%を超える社債はデフォルトの確率が高いとされ、S&P社は「投資不適格」からさらに一ランク下げた。つまり「投資するな」という意味でしょう。台所は火の車で、社債起債額はわずか三億ドル。負債総額は一一〇〇億ドルもあり、二〇一七年内の償還が六億ドル、二〇一八年の償還額が二二億ドル。

過去二年間だけで海外企業買収に注ぎ込んだ額は四〇〇億ドル。狂気の買収作戦だったことは、これを見ても明らかですが、有利子負債が一一〇〇億ドルという途方もない巨額を返済できないこととは、同集団の連結決算、貸借対照表、決算報告書をみなくとも判然としている。

この海航集団(「フォーチューン500」の一七〇位)とて、土壇場に近いでしょう。ANZ銀行子会社、米ソフト企業など、海航集団の買収攻勢が次々と破談しています。なにしろ旅行業界に進出以後は、航空機リース、有名ホテルの買収を手がけて急成長してきましたが、世界各地で大型物件のM&Aを仕掛けて、その海外資産は二〇一〇年度時点でも三三〇〇億元(五兆六一〇〇億円)にも達していた。

しかし強気の買収案件のほとんどが借入金でまかなわれており、償還期限が迫るなかで、ファイナンスに「システマティックな問題」(英FT紙)が多いとされ、国際的なファンド筋が投資を引き上げ始めた。社債の金利が一三%という異常な資金繰りに対して赤信号を灯したわけです。

全世界に従業員七〇万人というマンモス企業であり、近年はフランクフルト空港運営会社の買収、ヒルトンホテルチェーンへの二五％株主、ドイツ銀行の一〇％株主という、国際的な企業の大株主としても発言権を強めてきた。特に中国との取引が多いドイツは、同集団を有望視してきました。

関連の渤海《ぼっかい》リースは航空機リース世界五位のアボロンに買収攻勢を仕掛け、また香港の旧啓徳《けいとく》空港跡地四〇万平方フィートの買収（一一億ドル）、NY高層ビル（六五階建て）のパークアベニュービル買収（二二億ドル）など、欧米の有望物件を次々と買収した。

その強引とも言えるM＆Aによる急成長ぶりを目撃して、世界の投資グループが注目した。

ところが、ニュージーランドのANZ銀行子会社の買収が頓挫《とんざ》したことに続いて、米国では十二月十一日、NY州地裁が、提訴されていた海航集団の買収失敗案件での株主集団訴訟を受理したのです。これは海航集団が、デジタルエンジニアリング企業のネステクノロジーと、ジャージーHDに買収を持ちかけたが失敗したため、被買収側の株主等が訴訟を起こした事案です。同集団の旅行部門トップは「流動性の危機はあるが、盲目的な部門売却はしない」として、噂のあるヒルトンホテルチェーンなどの売却情報を否定したが、国際金融界は、裏読みで同集団関連株の投げ売り、空売りの様相を呈しました。

しかし、大連万達集団にせよ、安邦集団にせよ、今回の海航集団にせよ、今や「中国コングロマリットの顔」というところであり、倒産させるには障害が多い。

おそらくプーチンが「ユコス」を濡《ぬ》れ手に粟で買収し、ロスネフチと合併させたような巧妙な手段を用い、国有企業に安価で買収させて債権者を黙らせ、またも株式上場をやってのけて国有企業、それも習近平一派の企業とするのでしょう。

これら中国の企業が巨額の有利子借り入れをしてまで、無理矢理に、強引に海外企業買収を急いだ理由は、合法的に資産を海外に運び出す典型の手口だったのです。

しかし、その命脈も尽きかけているといったところでしょう。

輸入大国というリスク

宮崎　もう一つ中国経済のリスクとしてみなければならないのは、輸入大国という側面です。原油の輸入額が年間一六〇〇億ドル（日本が約六〇〇億ドル）に達していましたが、世界一の原油輸入国です。官庁エコノミストとして著名な張燕生《ちょうえんせい》は「中国は五年から一〇年以内に輸入超過国となる」と予想しています。

福島　中国は食糧自給率も低下しています。農産物全体の自給率はよくて七〇％で、残りは海外からの輸入に頼っています。豚肉も大豆も小麦も輸入せざるをえません。

宮崎　じつは二〇一七年年初来の中国の原油輸入相手国は、ずいぶん変わってきています。今一位はロシアなのです。

中国は世界中から一日九〇〇万バレル強（二位はインドの五〇〇万バレル強、日本は四〇〇万バレル）の原油を輸入していますが、中国税関総署が発表したデータによると、ロシア産原油の六月の輸入量は前年同月比二七％増の日量一二七万バレルで、四カ月連続で最大の原油輸入相手国となっています。ロシアに次いで輸入量が大きかったのはアンゴラですが、対照的なのが、サウジアラビアで、輸入量は減少を続けています。

そのあとは、イラク、イラン、ブラジル、ベネズエラの順です。南スーダン、ナイジェリア、それからＵＡＥなんていうのはずっと下位になっていますね。

中国はベネズエラへの最大の債権国で、ベネズエラに四二〇億ドルから四五〇億ドルくらい貸していますが、これは明らかに焦げ付くことになるでしょう。ベネズエラは原油価格の下落により早晩債務不履行に陥るからです。中国はベネズエラに対して原油の支払い代金を人民元にする要請をしており、ベネズエラではマドロゥ大統領が「ドルペッグ制をやめて、違う通貨との為替システムに移行する。たとえば人民元だ」と発言しました（英文プラウダ、九月七日）。

これがもし本当なら国際金融界は慌てるところですが、ベネズエラの海外債務はほとんどがドル建てで、単なる心理的反発での発言にすぎません。ベネズエラ石油は中国が輸入していますが、ほかの国々との貿易はドル決済です。

もう一国、ジンバブエも自国通貨の天文学的インフレになすすべもなく国家破産したため、法定通貨を人民元にしていますが、じっさい流通しているのはドルです。反米国家エクアドルですら、自国通貨はとうに廃棄し、流通しているのはやはりドルです。ジンバブエにせよ、ベネズエラにせよ、自国通貨を国民が信用しない。ベトナム、カンボジア、ラオス、フィリピンあたりでも米ドルの天下、どこでも通用しています。

ドル基軸体制に挑戦する人民元、その意欲的企図とは裏腹に国際取引の現場ではまだまだ信用を得られていない。流通性から韓国ウォンよりははるかにましだとまではいえても……。

中国政府を擁護する無責任な日本人

福島　前述したように、中国でもバブルを崩壊させたほうがいいという意見は少なくない。

バブル崩壊というのはけっして悪いことではなくて、再生の始まりですから。それで、うまく崩壊させる。

たとえば中国のある官僚は、「日本はバブルが崩壊したあとも、社会の秩序は安定し、一部のバブルの恩恵者が富を失っただけで、ふつうの人々の生活はあまり変わらなかったではないか。むしろ、きれいな空気と水と環境、省エネや節約の概念がいきわたった」というようなことを言っていました。日本のバブル崩壊をみれば、そんなにバブル崩壊は恐れる必要はない、と。中国も十分耐えうる、と。日本人からすると、冗談じゃないと思いますが。

宮崎　ただ全然違うのは、規模ですよ。日本のバブルというのは最悪に見積もってもせいぜい二〇〇兆円ぐらい、正味一二〇兆円ぐらいですが、中国の場合、おそらく二〇〇〇兆円ではきかないでしょう。リーマン・ショックと比べても一〇倍です。それに問題は地方政府はもちろんのこと、中央政府も誰も本当の数字を把握していないということでしょう。だからいざつぶすと何が起こるかわからない。つぶすにつぶせないというのが本当のところでしょう。

福島　よく日本の知識人に中国特殊論で中国は崩壊しないと擁護する人たちがいますが、そのポイントは民主主義国とは違い中国は強権によってドラスティックな改革が可能であるというものです。日本のバブルやアメリカのサブプライムが崩壊したのは、投資家と銀行と政府の利害が衝突したからであって、中国にはそれがない。政府がそのすべてを一手に握る中国市場においてバブルはいくらでも膨らませると。

しかし、こういう意見はそのために、多くの国民が犠牲になっているという現実を無視した非常に無責任な言論です。自分は民主主義国家の恩恵をたっぷり受けておきながら。他人事とはまさにこのことではないでしょうか。習近平を擁護する人たちの意見にはしばしばこの傾向が見られます。

日本のバブル崩壊のとき、確かに銀行の取り付け騒ぎなども起こらず、社会秩序の根底が揺らぐことはなかったのですが、中国は確かに違うでしょうね。中国では、バブル崩壊を機に、ひょっとするとこれまで搾取されてきた低層の庶民たちの〝反乱〟が起きるかもしれない。社会秩序が混乱し、それこそ、なけなしの富を奪われた中間層や、バブル崩壊による景気の失速で職を失って食いあぐねた低層の庶民が暴力的な方法で、バブル崩壊の〝犯人〟に報復するような、社会動乱が起きるかもしれない。そのリスクが日本のバブル崩壊と違うところで、党内にバブルを崩壊させて再生期に入らねばあとがない、という意見がありながらも、バブルを崩壊させると、予想を超える何かが起きかねない、という危機感から、バブルを崩壊させられないでいる。そのことが、さらにバブルを膨らませ、リスクを一層大きくさせるという悪循環に入っているのだと思います。

宮崎 おそらく中国の未来が見えていたからでしょう、周小川は、本当はもう五年前に総裁を辞めたかったという話があります。習近平の実弟はオーストラリアに豪邸を持ち、バンクーバーで一番高い不動産を買ったのは周小川の息子だったという報道もありましたが、検証できない。ことほど左様に大幹部とて子弟は海外へ逃げちゃってますからね。

このチャプターの最後に問題としたいのは欧米日など「西側の国家安全保障」に直結する先端的な企業を、中国がカネにあかせて次から次へと買収してきたわけですが、この事態を深刻とみた欧米や豪は中国のM&A（企業買収・合併）作戦にストップをかけ始めたことです。

特に深刻だったのがオーストラリアでした。政治家への外国からの献金は不法ではなく、中国は高価なローレックスの時計をペアで、じゃかすかと有力な政治家夫妻へ贈呈したり、政治献金も際立っていたため野党がこの問題を鋭く追及してきた。

このため中国の無法な投資やロビイ活動に目を瞑《つむ》ってきたが、国民の怒りが爆発し、ついにキャンベラの議会は外国からの政治献金の禁止へ踏み切ります。議案は「中国」を名指ししてはいませんが、外国の献金はほかの国からほとんどありませんからね。

中国企業の「華為技術」（ファウエイ）が豪の通信回線ネットワークへの参入を要請し、

豪政府は国家安全保障上の理由から拒否しました。続いて華為グループはオーストラリアからソロモン諸島への海底ケーブル設置プロジェクトに入札しようとしたのですが、同じ理由で豪政府は拒否した。

戦後、オーストラリア政治は安全保障において米国とは同盟国であり、経済関係は中国がダントツのパートナーだったし、この微妙なバランスの綱渡りを演じてきた。石炭と鉄鉱石の鉱区は中国資本が進出して、とりわけ鉄鉱石の国際相場は、中国の需要が決定的要素となった時期もあった。

中国はこの貿易関係を梃子《てこ》にオーストラリア政治にも嘴《くちばし》を突っ込んできたのです。人民日報系の環球時報は、「南シナ海の問題で豪政府が米国と一緒になって批判を強めるのは、将来の中豪経済関係に悪影響を与えるだろう」と一種恐喝めいた論説を掲げたのが印象的でした。それだけ痛手となった証拠でしょう。

とはいえ豪政界にはラッド元首相に代表されるような親中派が多く、西北のダーウィン港の中国の九九年間の租借を認めてしまった。オーストラリアの大学は三九%が外国人留学生ですが、そのうちの大半が中国人。また大学と北京の研究所とで最新技術開発の共同研究も進められており、その資金、人材などの面でずぼっと「中国漬け」になっています。共同研究の新技術のほとんどは軍事技術の汎用であり、これが豪のアキレス腱《けん》です。

トランプ政権も動いています。

二〇一八年一月九日、米国政府は華為技術がM&Aによる買収を進めていたAT&Tの子会社案件を「国家安全保障上の理由から認められない」としました。日本人は忘れていますが、通信は国家主権にかかわる死活的重要要素であり、外国企業の参入は政治学のイロハから言っても許可するほうがおかしいのです。米国連邦議会上下院「情報特別委員会」は、昨師走二十日に、連邦通信委員会に書簡を送り、華為技術のスマートフォンのネット拡大のためAT&T買収を見直すよう促しました。これは先にもアリババの子会社「アント・ファイナンス」が、電子送金の専門ネットワーク「マネーグラム」買収を直前にストップをかけた事案に続く動きでした。

もっとも米国はすでに数年前から華為技術と中国通訊（ZTE）のコンピュータ、通信設備ほかの連邦政府の使用を禁止しています。もちろん、中国は反発を強め「報復措置を講ぜざるをえない」と脅迫的言辞をならべてますが……。

第四章

幻想と恐怖が入り混じる「一四億の市場」

中国をゾンビにする外資

宮崎　前章で中国は外資による投資とドルの裏付けによる人民元の信用創造によって成立してきたことを論じました。中国経済が実質崩壊しながらもつぶれてないのは、日本企業や欧米のグローバル企業がなおも投資を続けていることと、中国が崩壊すれば世界も無傷ではすまないため、なんとか延命させる必要があるからです。中国では歴史が政治プロパガンダであるように、外国からの直接投資を維持するためには大嘘《おおうそ》を吐き続けることにためらいはありません。おそらく外国の企業もうすうす嘘だということを知っていながらも、むしろ率先して騙《だま》されているようにさえみえる。

海外からの直接投資は今でも年平均で一〇〇〇億ドルから一三〇〇億ドルほどある。AIIBにしても、出資している国が六九カ国もあります。また、対米輸出黒字が二五〇〇億ドル超（二〇一七年は二七五八億一〇〇〇万ドル）ということも大きい。

党大会後にはさっそくグローバル企業の中国詣《もう》で——習近平詣でが始まりました。フェイスブックのCEOのザッカーバーグ、アップルのCEOティム・クック、マイクロソフトCEOのサティア・ナデラ、投資会社ブラックストーン・グループ会長のスティーブン・

シュワルツマンらが習近平も参加する精華大学の経済管理学院顧問委員会と意見交換する会合に参加しました。ｉＰｈｏｎｅなどの生産拠点が中国にあり、売上高の二割が中国のアップルは言わずもがな、情報統制をめぐり中国当局と対立しているフェイスブックまで参加しています。

日本企業も同様です。

たとえば一五年には伊藤忠商事は国有企業集団のＣＩＴＩＣ（中国中信）に六〇〇〇億円投資しました。ホンダは武漢《ぶかん》に六番目の新工場を建てていますが、投資額は五〇〇億円にのぼる。ＢＭＷは瀋陽《しんよう》の工場を二倍規模に拡大するといいます。

トヨタの中国ＥＶ進出は大丈夫か？

福島　トヨタも電気自動車（ＥＶ）で新たに中国市場に参入を決めました。中国吉林省の「第一汽車集団」と広東省の「広州汽車集団」の大手二社と合弁事業を展開するようですが、中国メーカーに開発を任せるようです。トヨタとしては異例ですが、単独では二〇二〇年の投入に間に合わないため、やむをえない対応とのことです。次世代の全固体電池はパナソニックと共同で行い、なるべく中国企業に依存しない体制をつくる。トヨタはＥＶよりも格段に性能の優れたハイブリッド車や燃料電池車（ＦＣＶ）に傾注していたので、意外でした。結局、欧米企業にしても、中国にしてもトヨタに勝てないので、ハイブリッドを排除するのでしょう。

宮崎　ＥＶはガソリン車よりも構造が単純だから、日本の部品メーカーのような高度な技術は必要ない。ＥＶにより自動車市場で欧米と組む中国メーカーが主導権を奪おうという戦略でしょう。

中国が抱える基本的な問題として先ほどもみたように、原油の問題が大きい。原油は一日九〇〇万バレルを輸入し、年間の決済は一五〇〇億ドルもかかり中国経済に重くのしかかっています。だからこそ、ＥＶでは中国が世界の先端を走っているわけです。半面、原油が自給自足できるアメリカはＥＶに熱心ではない。イギリスやフランスなどヨーロッパは二〇二五年とかに全部電気自動車にするなんてこと言い出しているため、日本も遅れを取り戻そうとしています。

しかし、問題は電池でしょう。ＥＶの場合はどれだけ開発したところで、いったん充電してから二〇〇キロ走るのがせいぜいでしょう。ただし坂道、ぬかるみ、デコボコ道を走るとなると五〇キロぐらいじゃないの？

ＥＶといっても、中国は石炭による火力発電ですからけっしてクリーンではない。むしろ、環境は悪化するのではないか。中国は二〇一七年十二月から全国で二酸化炭素（CO_2）排出量取引を始めましたが、これでＥＵ（欧州連合）を超えて世界最大の取引市場となります。ＥＵの総排出量一九億トンに対して、中国は三〇〜四〇億トン。すでに二〇一三〜一四年に上海市、北京市、広東省など二省五市で排出量取引のモデル事業を始めていたのを、全国に広げる。今は電力だけですが、石油化学、化学、建材、鉄鋼、非鉄金属、製紙、航空の七業種にも広げ、排出量が年二・六万トン以上の会社が対象で、七〇〇〇〜八〇〇〇社だという。当然日本企業もターゲットで、すでに七一社が対象です。中国では火力発電の約九割が石炭で、これをガス火力に誘導するのが狙《ねら》い。中国はこれを新たな利権にするのと、外交カードにする腹でしょう。いかんせん「新しい利権を権力側が創造すること」が共産党エリートの生存本能ですから。

　トヨタは企業の論理で進出するのでしょうが、危険な賭《か》けだと思いますよ。ＥＶはぽしゃる可能性だってある。

福島　ＥＶは、明らかに政治的な意図もあります。なぜなら自動車産業の利権というのは、完全な上海閥江沢民派です。また、石油閥は四川閥と重なり、周永康派が牛耳ってきました。習近平の江沢民派・周永康派利権つぶしという権力闘争の面もあると思います。

宮崎　中国は日本企業の情報も狙っています。中国は海外との自由なつながりを保っていたＶＰＮ（仮想施設網）の遮断を進めており、とうとうその累が日本企業にもおよび出し始めています。日本企業は撤退か共産党の情報監視を容認するかの選択を強いられています。

ＶＰＮというのは、仮想プライベート・ネットワークともいい、インターネットや公衆ネットワークを使って拠点間に仮想的に専用線をひく技術です。プライベート・ネットワークはＬＡＮのことで、社内ＬＡＮや家庭内ＬＡＮなどですね。これであれば、国際専用線よりもコストが低く、通信を暗号化すれば共産党の検閲も回避できたので、多くの日本企業や中国の反政府的なネットユーザーが使用してきた。これまでは共産党は外国企業が日常業務でＶＰＮは取り締まりの対象外にしていたのに、次々に遮断されるトラブルが多発しているようです。グーグルに続き、ヤフーの検索も遮断されたのが九月です。共産党は日本企業から情報を抜き取るために、中国の通信企業が介在する中国と日本の拠点を直接結ぶ専用線に移行させるのが狙いです。

福島　二〇一七年暮れに中国に行きましたが、使えなくなっているＶＰＮは増えましたね。しばらくは使えていても、すぐに遮断される。アップルのｉＰｈｏｎｅに搭載されているＶＰＮアプリは完全に使えませんし。

国内での統制を強める一方で、「パンダ債」（非居住者が発行体となって中国本土で発行する人民元建ての債券のこと）の発行を日本企業の本社もできるようにして、日本企業の投資および人民元の国際化に弾みをつけようとしています。これまでは中国にある日本企業の現地法人が発行していたため、格付けが低く高くついていた金利を抑えることもできるわけです。

宮崎　入れ知恵をするのが、存外、日本の証券会社だったりしませんか？

福島　証券会社は香港で発行した点心債で失敗しているので、パンダ債については、本音では慎重論が多い気がしますね。実際のところ、人民元の実態は国際通貨というにはほど遠いものです。金融市場の当局のコントロールは習近平政権になってむしろ格段に強くなり、人民元の基準値算出法は人民銀行の裁量、つまり政府の意向をより強く反映させるものに変わり、市場の信用は低下しています。いきなり政府がルールを変えて、市場を混乱に陥らせる可能性は、習近平政権の今のほうが高いと思います。二〇一五年だっていきなり二％切り下げたりして、みな大慌てでしたしね。それで、人民元上昇を見込んで点心債（香港で発行される人民元建て債券）に入れ込んでいた企業は泣かされたはずです。今また、人民元は上昇傾向ですが、パンダ債もリスクは高いということです。

みずほ銀行が二〇一八年暮れ、日本企業として初めてパンダ債発行の認可を受けたのに続き、三菱東京ＵＦＪ銀行も認可を取得しました。額はそれぞれ五億元、一〇億元、三年期限の普通社債。とりあえず大手金融機関が先に乗り出して、様子見してみよう、というところでしょう。外貨資本規制がこれだけ厳しいと、人民元で資金調達する方法が必要でしょうし、やはり市場規模からいっても日本企業の投資需要がまったくないということはない。ただ、中国の人民元国際化アピールに、日本企業が付き合って、日中関係改善の象徴とするといったそういう政治的効果が一番強い気がしますね。

統制と搾取の一四億人市場の幻想

福島　統制がかくも厳しく、さまざまなリスクを内包する中国を日本が無視できないのは、やはり「一四億の市場」です。これは蠱惑《こわく》的です。たとえば、中国のネット通販最大手アリババのイベントである十一月十一日の「光棍節《こうこんせつ》」（独身の日）というネット通販消費者デーでは、二〇一七年、一日で一六八二億六八〇〇万元を売り上げた。邦貨にして二兆八六〇〇億円と、これは楽天の年間取扱額三兆円に匹敵する数字です。二〇一六年の自動車販売台数にしても、中国は二八〇〇万台以上で、日本五〇〇万台弱、アメリカ一七〇〇万台、ヨーロッパの一四〇〇万台を凌駕《りょうが》しています。二〇二五年には中国での自動車販売台数は三五〇〇万台と予想されている。

トヨタも中国のＥＶ市場に参入せざるをえないわけです。日本に限らず、世界がこの蠱惑的な市場の魅力にどっぷりはまっている。

しかし、これまで議論してきたように、中国という国は約八八〇〇万の共産党エリートが一四億の人民を支配する近代にはめずらしいほどの厳格なヒエラルキー社会です。しかも、いまだ一九五八年の農業戸籍（農村戸籍）と非農業戸籍（都市戸籍）を区別する戸籍制度を維持しています。二〇一四年ごろから農業戸籍と非農業戸籍の区別をなくし〝居民戸籍〟制度を導入する北京など一部都市は増えていますし、ひょっとするとこの戸籍制度は二〇一八年には全面的に廃止されるかもしれませんが、おそらくは、制度上は廃止されても、六〇年にわたって構築された社会の二元構造とそれに基づいた差別は解消されません。それが証拠に、北京市などでは〝低端人口〟という新たな〝二等市民〟を意味する政治用語が登場し、都市人口抑制政策として彼らの都市部からの強制排除が実施されています。

二〇一二年段階で一三億人口の三五％以上が非農業戸籍（都市戸籍）とされていた割合が、今どのくらいになっているのかは手元に統計がないのですが、二〇一六年段階で農村社会に属している実数はおよそ六億人あまり、二〇四〇年までにはこれが四億人以下になるというのが国務院発展研究センターの専門家の推計です。ですが、この二元構造は単に農村と都市という構造だけでなく、都市内にも高層、中間層、低層という三元の社会・消費構造を形成していて、しかも上部層が下部層を搾取するという構造で経済が成り立っています。中国一国のなかに、ヨーロッパ諸国のような先進的な搾取地域とアフリカのような被搾取地域が共存し、また都市部内部でも貴族と奴隷が一緒に暮らしているような構造になっています。

二〇一六年度のクレディ・スイスによるグローバル・ウェルス・リポートによれば、中国では「富」（資産）一万ドルから一〇万ドルの階層が人口の三三%をしめており、中国市場の牽引《けんいん》として期待されているのは、こうした中間層の購買意欲です。クレディ・スイスの統計は「富」に家や車その他換金性の高いものも含めているようなので、若干大き目の数字が出ますが、四億人前後がそれなりの消費力を持っている。日本のざっくり四倍の市場といえば、惑わされないほうが無理という話でしょう。さらに一〇〇万ドル以上の資産を持つ富裕層は二〇一七年のクレディ・スイスリポートでは二〇〇万人以上になりました。中国人の富の増加率は世界二位のスピードらしいです。クレディ・スイスの水増し傾向を差し引いてもみくびれない数字でしょう。

ですが、この中間層の多くが党員のファミリーで支配する側に立つ人たちです。彼らは都市の既得権益層として、二元社会の農村社会側、低層社会側を搾取することで蓄財できている。彼らの都市生活を支えるのは、〝低端産業〟と呼ばれる安い賃金の日雇い労働による流通、清掃、サービス産業ですし、しかも、この低端産業に従事している〝低端人口〟は、社会保障がほとんどなく、明日、住んでいるところを撤去する、働いている工場を閉鎖する、という〝お上〟の命令にも逆らえない。こうした弱い立場の人間が支える安価な都市インフラと都市サービスを受けて、中間層はなんとか、既得権益を享受し、搾取する側、消費する側に立てている。ですが、じつはそれも絶対的な立場ではないのです。

　北京や上海の消費財、サービスの価格が急上昇し、それは体感として中間層の給与、富の増加を上回るスピードです。おそらく多くの中間層が、富が一万ドルだろうが一〇万ドルだろうが、不安をかかえていると思います。中国人は富を持つと、まず子供の教育に金をかけますが、北京のハイレベル幼稚園など月額五〇〇〇元（八・五万円）です。必ずしも富裕層ばかりがこういう幼稚園にわが子を入れるのではなく、世帯月収一万元程度の夫婦ががんばって通わせている。中間層と言いながらも、けっして余裕がある生活ではないのです。

　ちなみに、この子供の教育費を稼ぐために両親は馬車馬のように働くのですが、その共働き家庭の家事・子育てを支えているのは、農村から出稼ぎにきた〝低層〟の人たちで、彼女らは安い賃金で奴隷のように罵倒《ばとう》され、バカにされながら雇われていたりする。中間層は自分が豊かであるとは実感できないけれど、こうしたより低層で貧しい人たちをこき使うことで、ようやく自分たちの立ち位置がマシであることを実感するのではないか、と私は思います。中間層の人たちの多くは、日本人がぎょっとするくらい、低層の人たちに対して冷ややかです。

消費の牽引力といわれているこの中間層も、政権側のちょっとした失策で、全財産を一瞬で失うこともあります。二〇一五年夏の株災が象徴的事件ですが、理財商品のデフォルト、不動産バブル崩壊、などのリスクが常にあります。また習近平政権二期目になって、所得税のとりたてが厳しく変わり、たとえば会社から配られる景品なども実費が所得に上乗せされ課税されるようになりました。こうして、中間層からも確実に税金をとっていこうとしている。反腐敗キャンペーンによって、これまで党員ファミリーであったことで得ていた〝役得〟、たとえば、脱税のお目こぼし、賄賂《わいろ》といったものが厳しく取り締まられるようになってきました。

中間層の可処分所得の伸び率は中央値、平均値ともに急降下しています。この背景は、習近平政権一期目の反腐敗キャンペーン、つまり党内の中間層つぶしの影響だと思っています。二期目は、党外の中間層つぶし、既得権益層つぶしを進めるのではないでしょうか。だとすると中間層は、拡大ではなく縮小傾向に入っていくでしょう。

こうした恐ろしく極度な格差社会、搾取構造に、外国企業が利益ばかりを考えて加担することに、私は抵抗感がありますね。IT産業、AI産業は中国の成長産業として、世界中が注目していますし、少なからぬ日本企業もそれに乗り遅れまいと考えているようですが、このIT、AIが一番活用されているのは、中国の軍事と治安維持のための監視・統制システムです。かつて、中国が〝世界の工場〟として行動成長を極めたとき、日本を含む多くの外国企業も、中国経済の農村の低賃金労働力を搾取するという構造に乗っかって、利益をあげてきました。でもそのことが、中国を強大に横暴にし、また中国社会の深刻な二元化、格差そして恐ろしい環境破壊・汚染を生んだと思うと、ちょっとくらい反省してもよいのでは、と思います。おそらく、今中国のIT分野、AI分野、あるいは軍民融合分野に投資すると、企業としては利益を見込めるチャンスもあると思うのですが、それが世界の未来に何をもたらすかも考えてほしいところですね。

宮崎　中国の自動車保有者数はどのくらいですかね？　中国の免許証保有者数が三億人を超えたという記事は以前読みました（ブルームバーグ、二〇一四年十一月二十八日）が、だからといって全員が車を保有しているわけではないでしょう。それにしたって三億人ですから、もちろん市場として小さいわけではありませんが、少なくとも「一四億」ではない。

中国の「ジニ係数」は〇・七三と異様に低い。この数字は北京大学の独自調査で出てきたもので産経新聞によると、「中国の国内個人資産の三分の一を上位一％の富裕家庭がにぎる」という極端な富の偏在が進行しています。

通常の経済社会学的統計に則って言えば〇・四を超えると、社会が擾乱《じょうらん》状態に陥るとされ、〇・五を超えると内乱になるケースがある、と言われているからその異常さがわかろうというものです。ちなみに日本のジニ係数は〇・二五前後。中国の国家統計局の出す数字は衝撃を避けるために作為的にこれよりも小さな数字を出しますが、信用できません。だいたい当の国家統計局長が重大な規律違反で逮捕されるほどだから中国内でも信用されていない。

中国が発表する購買層の数字にしてもあれだけ広大な国土をどうやってリサーチしているのか不明ですし……。

福島　新華社電によれば、二〇一四年十一月二十七日の公安当局発表の統計で、動力車免許保持者が三億人を超え、うち二・四四億人が自動車免許だということです。二〇一五年末には自動車免許も三億人を超えています。自動車免許保持者は年間二二〇〇万人ペースで増加中なのでこの二年ぐらいで四億人突破するかもしれません。免許を持っていても、運転する車を持っていない人が一・五億人以上いますね。中国の個人消費はけっして低迷しているわけではありません。しかし、中国当局が喧伝《けんでん》しているように「消費主導型に転換できた」とはいいがたい。日経新聞（二〇一七年十二月二十五日）が珍しく、参考になるコラム記事を書いていた。簡単に内容を説明すると、二〇一七年十二月の国家統計局の会見で、二〇一七年一～九月の国内総生産（GDP）成長への消費の貢献率が六四・五％に達したとして、「過去の経済成長は投資と輸出が牽引役だが、消費主導に転換した」と強く打ち出されましたが、現実には、アリババや京東など一部のECサイトの盛り上がりとは裏腹に、実店舗を含めた社会消費品小売総額は一七年十一月に前年同期比実質八・八％増。二〇一二年同期の伸び率一二％と比べると明らかに減速傾向。投資のやりすぎで、投資の貢献率が下がったために、消費が牽引しているように見えるだけ、という話だそうです。とにかく公共投資と不動産にマネーが集中しすぎているのは事実です。

宮崎　もともと中国の個人消費はGDPの三九％程度しかなく、日本六〇％、アメリカの六九・四％（二〇一六年統計）と比べて非常に低い。その分、民間の不動産購入がGDPのかなりの部分を支えているかっこうになります。それでもバブルが崩壊しないのは政府が強権的政策発動を繰り返し、投資家に「暗黙の保障」を与えているからです。経済学者・朱寧《しゅねい》の分析によると投資家が強気なのは「最後は国が守ってくれる」という「信仰」があると言います。一種カルト的な神話（不動産は下落しない）、というより国を挙げての「不動産価格永続的上昇カルト」と言っていいでしょう。

ゆえにいったん不動産価格の暴落がもし、始まったら「政府は嘘をついた」と大暴動が起こることは確実です。

共産党の命令で日本企業が祖国を裏切る日

福島　中国経済の異質性として何度でも強調しておきたいのは、共産党の指導は、企業利益より圧倒的に優先されるという現実です。特に習近平政権になってからそれが徹底された。注意を要するのは国有企業だけでなく、中国の民営企業および合弁企業もその対象となりました。

ですから、民営企業も合弁企業も党の介入が明文化されるよう定款の書き換えを命じられています。すでにもう三〇〇〇社以上がそういう通達を受けていて、現時点では基本的には国有企業を中心に定款を書き換えていますが、最終的には民間も合弁・外資もそれに従わざるをえなくなります。

宮崎　中国の場合、上場企業の九八％が国有企業であり、しかも大方は赤字体質です。

大連の「東北特殊鋼」が倒産し、いよいよ国有企業の後始末が大詰めを迎えた感があります。

二〇一六年三月二十四日には東北特殊鋼の楊華《ようか》会長の首つり自殺が報じられていました

が、期限が来た社債の償還（一四〇億円）ができず、ほかにも一一〇〇億円の社債が発行されていたことが判明しました。

東北特殊鋼は、中国の鉄鋼業界では高品質と評判がよく、それなりの需要があったため、二〇〇八年から展開された政府の強い景気刺激策に乗って、設備を無理に拡大してきたことが裏目に出たのでしょう。

天津にある渤海鋼鐵集団も債務は邦貨で三兆三〇〇〇億円に上っている。すでに三年も前から中国経済の悪化の象徴として、鉄鋼のつくりすぎと過剰在庫は極めて深刻な問題となっていました。

二〇一五年末にすでに中国の鉄鋼産業は、生産設備の二九％が操業を停止していました。一六年末統計で、中国企業の倒産は五六六五件、前年比五四％の急増ぶりを示していた。

こうして国有企業の破綻が表れているのに、そのうえ民間企業にも共産党の介入が明文化されれば、経営にフレキシビリティはますます失われ、国際競争に打ち勝つことは不可能です。まさに自らとどめを刺すような決定です。

福島　これは日本企業にとっても看過できない事態です。日本が出資している中国の企業が、場合によっては日本に不利益なことを党に命令される可能性があるからです。

習近平の経済政策には二つの柱があります。一つは一帯一路、もう一つは軍民融合経済です。要するに軍事産業に民営企業の資本や技術を注入させようとしているのです。習近平が掲げた「中華民族の偉大なる復興の中国の夢」というスローガンを、端的にいえば「強軍化」です。軍事産業の振興の資金・技術・資源を民営企業に捻出させようというわけです。つまり、鄧小平以来の改革開放路線、民営化路線が今、完全に逆方向に向かっている。

習近平の党大会における報告書では、「市場」という言葉は一九回という少なさでした。ちなみに、一九九七年に江沢民が行った政治報告では五一回繰り返されました。八〇年代は「下海」（国有企業経営者や官僚が民営企業家になる）と言って国有企業がどんどん民営化して、一気に高度経済成長期が来たわけですが、今やっていることは、民営企業に対して企業利益よりも党の利益を優先させる国有企業化です。市場の自由化とは逆方向です。中小国有企業を大手国有企業に併合し、その超大手国有企業を党中央が直接指導して、市場に対する党中央のコントロールを強化させていく、これが習近平の目指す強国化です。

宮崎　党の利益最優先なんて、どうみても企業のあり方が歪《ゆが》んでいます。

というより中国の「市場」には西側のようなメカニズムは機能していない。

ある日本企業に起きた悲劇

福島　民営企業も極端なことをいえば、新しいプロジェクトは全部、稟議書《りんぎしょ》を共産党に回さなければならないかもしれない。また、軍民融合プロジェクトはすでに始まっていて、たとえば中国で一番サービスのよい物流企業・順豊エクスプレスがそうです。これはアジアで最初の民営貨物集散センターを湖北・鄂州《がくしゅう》市に建設する計画ですが、軍民融合プロジェクトでもあります。国防功能を備えた民営空港を建設し、順豊の物流能力を軍事利用する、ということです。

習近平は、総額三〇〇〇兆円かかる一帯一路を国有四大銀行に融資させようとしています。砂漠のど真ん中に高速鉄道や高速道路をつくっても絶対黒字にはならないから不良債権になるのは目に見えている事業です。そして、同じようなことが日本の出資しているような合弁企業や合資企業にも起きかねない。

ところで、軍民融合、あるいは軍民融合概念という中国語が登場したのは、じつは「国家国防動員法」ができた二〇一〇年からです。この法律によって中国における国防動員は、人民、社会に対する強制義務となったのです。軍民融合概念とは、民営企業は優れた技術やサービス資源、資本を軍事建設に提供する義務がある、というところからスタートしているのです。

ですからアメリカでいう軍産複合体とは全然違います。アメリカの場合は民間の軍需産業が政府と癒着することによって権力を操りますが、中国の軍民融合というのはこれまで述べてきたように真逆なのです。言ってみれば、軍の徴用経済です。

宮崎　戦時下における総動員法に近い。

福島　まだ今のところそれらの企業は——たとえば前述の順豊エクスプレスのような企業の株は、軍民融合概念株といわれ、株価が上がっている。それから、ＡＩ人工知能とかＩｏＴとかフィンテックなどの先端技術、これもじつは民間の技術を軍事に転用するために、軍民融合株と呼ばれている。「これからは株を買うんだったら軍民融合株にしなさいよ」と言うぐらい投資家たちの期待が集まっている。

宮崎　中国の民間における新しいＩＴ技術、シェアリング・エコノミーといった新しいビジネスモデルを使った「ニューエコノミー」はウーバーが象徴するように近年急速に成長し、すでに日本は凌駕されています。

アリババの通信販売の躍進、バイクシェア、空車手配など、末端では急速にスマホが中国社会を変えています。庶民はじつに敏感で、だからこそ世界の九割のビットコインを中国人が買った。スマホ決済の総額は邦貨に換算して五〇〇兆円を超えていて、キャッシュレス化のスピードは日本より早い。

福島 しかしそうした企業も状況によっては全部徴用される可能性があります。日本企業はそのことを肝に銘じなければならないと思います。中国との間には領土にからむ問題を抱えているわけですから。自分の祖国を害する国の軍部に企業として貢献しなければいけないような、そういう状況だって十分に考えられる。習近平政権の独裁化により中国でビジネスをするリスクは高まっています。もはや、「一四億の市場」があるから儲《もう》かるという単純な話ではないのです。

一例を挙げます。東北のとある大都市で、ある日本企業が都市建設を市政府から依頼された。そしていざそこに高層ビルを建てると、その高層ビルから軍の基地が丸見えだっということが、建物の竣工《しゅんこう》間近の段階で判明した。すると軍が「このビルを壊せ」と言ってきた。結局のところ、お金で決着がついたのですが、何てことはない軍にゆすられたわけです。地方政府が日本企業に発注して、ゴーサインを出したのに、建ててみたら軍からいちゃもんをつけられ、そのことを政府に言っても「軍と話をつけてください」と金で解決する羽目になった。

ここで問題になるのは、軍と金で問題が解決できたとして、日本の一民間企業が（途中、地方政府がロンダリングしたとして）中国軍にお金も払うのはコンプライアンス上いかがなものか？　株主にどう説明つけるんだという話だったようです。

また、ある日中合弁の飲食店の日本人代表が、二〇一七年春節以降、中国公安当局に拘束されたままだそうです。最初は、飲食店で売られていた日本酒が「十都県問題」（福島原発事故の影響を受けたとされる東北、関東の一〇都県から中国に輸入されるすべての食品・飼料などについて、輸入停止措置を講じるとともに、他の都道府県の食品・飼料も日本の政府機関が発行する証明書の提出が求められる）に引っかかったことで、取り調べを受けていたようですが、その後、脱税、密輸に容疑が拡大し、六〇〇〇万元以上の罰金請求を受けているということです。おそらくは、企業内部関係者の密告などがきっかけでしょうが、習近平政権になって企業、工場の規則、規定を急に厳密に運用して、いちゃもんをつけて巨額の罰金、違約金請求を行い、支払わねば身柄拘束、経済犯罪で起訴というパターンが私の知っているだけでも北京やその周辺で五つ、六つ起きています。安全基準その他の規則、ルールというのは中国は思いのほか厳しいのですが、じつはそうした規則、ルールというのは、習近平政権以前はさほど厳密に守られてきませんでした。よくも悪くも汚職文化のおかげで、規則をすり抜けることが許されていたのです。ですが、習近平政権は反腐敗キャンペーン、綱紀粛正という建前でこれを一気に締め付けた。いわゆる「走后門（裏門をぬける）」というコネ、人脈で話をつけるというやり方を許さず、問答無用で規律違反企業に罰金を科していく。情報に敏感な大企業などは、即座にこうした情勢変化に対応できても、民間の個人投資でやっているような飲食店や中小工場は対応しきれずにどんどん締め上げられている、ということです。

宮崎　なぜ撤退してこないのか、それが不思議だ。

福島　やはり「一四億の市場」というのは、かくも蠱惑的なんでしょう。

宮崎　しかも経団連幹部が大挙して訪中し、昨師走二十八日は二階自民党幹事長が訪中したら習近平がニコニコと笑顔で出てきた。驚きましたね。二階さんの政治力ではなく、習近平が首相ならともかくも与党幹部に面会するのは異例でしょう。逆読みをすれば、中国経済はそこまで追い込まれているからこそ、日本の投資をつなぎとめなければいけない。だからつくり笑いをしてまで日本の政財界要人を厚遇するわけだ。

社会問題も山積

宮崎　中国は経済問題以外に、社会問題も山積しています。日本同様に人口減少が進み、一六年の春に「一人っ子政策」を廃止し、「二人っ子政策」を導入し一六年は大幅に増えたものの、翌一七年には早くも減少に転じています。教育費がバカ高いので、塾や習い事の費用がかさみ、2人目を生むのに慎重です。特に都市部がそうでしょ。

福島　問題は、男性が女性より異常に多い「男性過多」という状況が依然高水準にあること、二〇一五年以前は第一子でないことなどから戸籍を持てなかった「無戸籍者」が、約一三〇〇万人いたことなどです。一九七九年以来三五年以上続いた一人っ子政策の歪みがすぐに解消されるわけではありません。

宮崎　それから一流企業に入れなかった人たち、いわゆる「負け組」の失業問題も深刻です。公害問題も改善される気配はなく、この期におよんで習近平自らの大号令によりゴーストタウンをしゃかりきになってつくっている（雄安《ゆうあん》に大都市の建設）。農業もいつまでたっても改善されませんね。

福島　これは日本メディアでも報じられましたけど、二〇一七年七月下旬北京で、一九九九年に北京で発生した法輪功の集団陳情事件以来の大規模な民衆の集団陳情が発生しています。いわゆるネズミ講組織「善心滙《ぜんしんかい》」の会員たちのデモです。そのねずみ講組織の創始者の張天明《ちょうてんめい》ら幹部が逮捕されたんですけども、会員たちとしては、この組織に上納した資金はどうなるんだ、と不安に駆られたのだと思います。

メディアの注目を集めたのは北京市中心部の最高検察院前で、数千人規模だったようですが、南郊外の北京市豊台区の大紅門あたりでは数万規模に膨れ上がり、地下鉄が臨時封鎖され、一〇〇〇人以上の公安警察が出動し、大量のバスを用意して強制排除し、逮捕者六〇人を上回る大事件となりました。動画サイトに、その様子の映像が何本もあがっています。私もそれをみたのですが、国歌である義勇行進曲を合唱しながら、「習近平万歳」「習近平：法に基づいた適時の解決を合理的に求める！」「邪悪は正義に勝てない」などといった横断幕を掲げ、スローガンを叫び、まるで葬式行列のように泣き叫びながら、「張天明は善人です」「彼を釈放して」と訴える姿は異様ですよ。まるで新興宗教のようでした。

善心滙というのは深圳《しんせん》市を拠点にしており、サイトを通じて「寄付」を振り込めば、数十日後に一定の割合のキックバックがあり、「寄付」金が多いほど、キックバック率は低く、これによって金持ちの儲けは少なく、貧困者がより多く儲けることができるという仕組みで、慈善理念が実現できると謳《うた》っていました。

寄付は「善心幣」と呼ばれる一枚一〇〇元の特殊通貨で行われ、キックバックは六等級に分かれます。たとえば、貧困区という一番安い「寄付」額は三〇〇〇元で、一カ月後には一六〇〇元が「受助」という名目で返金される。五万元の富裕区の「寄付」をするとおよそ一〇％の五〇〇〇元が受け取れる。会員になると、さらに多くの会員を勧誘することが奨励され、増やした会員の寄付額の三〜六％を受け取れるという。

宮崎　完全にネズミ講だ。

福島　これを善心滙は「循環経済」「会員互助」と呼んだわけです。会員はすでに全国で六〇〇万人を超え、集められた寄付金は一〇〇億元以上、創始者の張天明の口座には一〇億元以上の預貯金があったと言われています。

中国公安当局はこれを違法商法として七月十七日、張天明を逮捕した。この逮捕と容疑が二十一日に発表されると、全国から会員が、張天明の釈放を訴えに続々と結集したというわけです。これはチャイナ・ウォッチャーの習性ですが、善心滙の摘発のタイミングを考えると裏で権力闘争が行われていたのではないかと勘繰らざるをえない。習近平は広東省の内側から馬興瑞《まこうずい》（広東省長）を通じて、胡春華のアラを探しており、胡春華の足元を動揺させるために、張天明の逮捕によって広東を中心にはびこる違法マルチ商法〝善心滙〟の悪事を暴いた、のではないかと。

たとえ権力闘争でないとしても、この一連の事件は、中国社会のいびつさ、危うさを反映しています。弱者救済を謳ったネズミ講、マルチ商法がはびこるのは、それだけ社会、経済の先行きが不安定であり、弱者があふれ、共産党の執政に対して疑心が起きているからでしょう。そういう意味では、習近平政権はけっして大衆の支持を得ていないし、基盤が強固だとも言い難いわけです。

宮崎　中国は中国共産党第一九回全国代表大会（党大会）が終わるまで経済的に非常な無理をしたので、今後問題がいっぺんに噴出する。中国の国内経済が深刻な悪化を示していて、株式市場に続いて不動産市場、為替市場の暴落が予測されています。

マフィアからの高額の借金で自殺する若者たち

宮崎　一方、中国には党のコントロールできない部分、闇《やみ》の経済があって、これは今マフィアが事実上のサラ金をやっているわけです。

そして、高額の借金のため自殺する学生が多発しています。オンライン貸金業者による融資急増が原因なんですが、こうした業者は、べらぼうに高い金利を取ったり、ヤクザのような暴力的な回収方法を用いたりすることがよくある。

ロイター（二〇一七年九月三十日）によると、一カ月の金利（複利）は一～二％で、年間の実質金利は一三～二七％になるという。返済が滞れば、一日当たり最低〇・五％の延滞金利がかかり、年率にして五～七％にもなる。

貸金業者は、最新のｉＰｈｏｎｅやノートパソコンを欲しがる学生たちを狙い、緩い条件で融資する。簡単にカネが借りられるため、学生は借金や利息を支払うために新たなローンを組み、その結果、ものすごいスピードで遅延損害金が膨らみ、借金が雪だるま式に増える負の連鎖を招いているわけです。

こうした大学生を狙ったオンライン貸金業者が最初に現れたのは二〇一三年だそうですが、これは貸金業ライセンスを取得する必要がなかった規制の空白を突いて急増した。

新華社通信によれば、二〇一六年までに八〇〇億元（約一・三五兆円）を超える市場に成長したといいます。これが非常に深刻な問題になっていて、庶民も企業もうっかり闇金融に手を出しているという、非常に社会の底辺においてダークサイドが広がっているんですよね。

それもみんな、煎《せん》じ詰めれば経済政策の失敗に行きつく。

中国の風俗産業の実態

宮崎　ちょっと話題はそれますが、今、中国の風俗産業はどうなっていますか？

数年前の国連の調査では、中国における売春婦は四〇〇～六〇〇万人と言われたものでしたが、当時も専門家で中国の性産業の著作もあるエレイヌ・ジェフレイ（『中国におけるセックスと売春』の著者）は、「少なくとも一〇〇〇万人はいるでしょう」という（サウスチャイナ・モーニングポスト、二〇一八年一月十二日)。

それでも少ない見積もりで、たぶん二〇〇〇万人の中国人女性は売春をして食いつないでいると推定されます。

昔のようなヤクザに売られたという悲哀な話ではなく、生活苦、レイオフ、離婚などの事由によって他に職場はなく、この稼業にいそしむしかないという環境が原因です。中国は今でも男尊女卑の気風が残り、女性の時間給は男性の六五％しかないという統計もありますから。そうなると、「女子大生で美人ならば平気で『愛人稼業』に精を出すが、売春産業に身を落とす女性は、ほとんどが地方出身者。学歴なし、手に職がなく、工場をレイオフされたり、離婚が直接の原因」と前出のエレイヌは語っています。

たしかに習近平が売春撲滅を謳って「性都」と言われた広東省の東莞《とうかん》を手入れしたため、三〇万人いた売春婦は全土に散ったことがあるけれど、東莞からは性産業はなくなっても、他の都市では、変わらずの営業を続けており、今ではＧＤＰの六％、総売上が一七兆円にも達する一大産業となっているようですね。

福島　表向きは風俗産業は激減していますね。北京五輪前のバブル期に全盛であった、きれいなお姉さんを裸でずらりと並べて選ぶ形式のカラオケボックスもあまり見なくなりましたね。その代わり、ネットとＳＮＳを使ったデリバリー式の売買春が増えたように思います。あと、日系企業を当てにしたクラブは全滅です。だいたい、日本人の駐在員が激減しましたし。それから、中国のいわゆる売春業界に対し、当局の監視が非常に厳しくなっているのも、理由です。なぜかというと中国では贅沢《ぜいたく》禁止令である〝習八条〟が出て、社会全体で風紀粛正をやっているわけです。一番お金を使って、お姉ちゃんたちと遊んでいた中級官僚は習近平政権が誕生した二〇一二年から違反すると処罰されるようになった。マオタイ酒飲んじゃいけませんよ、宴会をしてはいけませんよ、視察旅行や出張の随行員は何人までと制限された。

これまでは「視察」という名の観光旅行を存分に楽しんでいた。党大会だといって北京に来たら、お土産と買い物と観光がセットだったのに、二〇一七年の党大会では、料理にエビが出ないというのがニュースになっていたぐらいで、ものすごく質素なわけです。お茶も出ない、水さえ出ない会議なんかもあるわけですよ。

二〇一七年一～十月までに全国で「習八条」に違反した件数は三万七八二四件、処分された人数は五万三一九五人で、うち三万七二八九人が党規・行政規律処分を受けたと報道されました。

「手当や福利の支給に関する違反」、「贈り物や祝い金の授受」「公用車の不正使用」などを理由に。

宮崎　中国の場合は水も高いでしょう。日本製のミネラル・ウォーターなんて日本の二倍もする。お茶がやっぱり一番高いのかな。

福島　以前は高級なお茶を出したりしました。水も一番高いミネラル水のボトルが置いてあった。それが、七・二六会議（二〇一七年七月二十六日、習近平が各省市自治区幹部を集めて行った緊急会議で重要演説を行った）では水も出なかったと。

そこまで締め付けると当然社会はギスギスします。経済が悪くなっている一つの要因というのは、消費が抑えられていることも大きい。

この影響で二〇一三年の初頭から高級レストランや高級酒、高級ブランドの売り上げが激減したり、五つ星ホテルの稼働率が低下しました。特に官僚の遊興費が相当抑えられたのが大きい。

宮崎　そこまでやると、心理まで縮小しちゃう。

福島　おまけに密告社会です。だから、レストランには行かないで、ホームパーティーが増えている。

宮崎　幹部の自宅専門の扱いのよいコックを雇ったり、パーティーをやるときは一流店のコック長が出張してきて料理もつくらされたりしているそうですね。

福島　習近平でさえ出張で行ったときに、スイートルームを予約していたら、その予約をわざわざスタンダードの部屋に替える。それが美談として報道されたら、他の下っ端の人たちはもう二度とスイートルームに泊まれないわけです。もちろん、ホテル業界も儲からない。

宮崎　今、北京なんかに行くとかえって、スイートルームがふつうの値段で泊まれるそうですね。

福島　強烈な密告社会、統制社会で、モラルまで強制しています。しかし、それは逆に言うと、アンモラルです。

宮崎　モラルは上から強要しちゃ駄目ですよ。

福島　強要した途端にモラルじゃなくなる。自然と生活のなかで身について、自発的に発揮するからモラルというのであって、強制された時点で牢獄にいるみたいなものですね。

日本のエロアニメ視聴まで監視される社会

福島　それから監視社会ということでいえば、ＩＴ、ＡＩ、ＩｏＴ、フィンテックなどの最新技術によって便利な半面、ものすごく監視・統制強化されています。メディアでも特集を組んでいますが、監視カメラが急激に増えて、監視システムが発達している。中国でスマートフォン決済は生活インフラとして定着していますが、「監視のツール」となっています。

たとえばアリババ集団系のアリペイとかテンセントのウィーチャットペイとか、すごく便利なのは間違いないけれど、全部実名と身分証明書番号と紐《ひも》づけされている。「あなたが何をどこで買ったのか」というのがビッグデータとして、毎秒二〇〇〇件のペースで蓄積されるといわれています。支払金額や商品、店舗名もすべて記憶される。ＳＮＳで習近平の悪口を書いたことも、インターネットでアメリカのポルノや日本のエロアニメを見たというのも全部追跡されるわけです。

もちろん、そのデータを握っているのは共産党で、スマホにより市民支配をしているわけです。アリペイは利用者の信用力を九五〇点満点で評価することにより、市民の格付けを行っています。勤務先や学歴など個人情報を追加入力すると信用力として得点が上がる。得点が上がるとともに、シェア自転車の保証金がタダになったり、海外旅行でＷｉ－Ｆｉルーターが無料で借りられるといった特典がつく。それだけじゃなく、ビジネスのうえでも重要な意味を持ち、得点が高いと無担保でお金が借りられるサービスも始まりました。

今このアリペイのサービスに多くの企業が群がっていますが、個人のお金の流れを監視し、移動情報を補足し、情報統制をするシステムの強化に協力しているようなものです。

だから、今までふつうに信号無視して、法律を平気で破っていた中国人たちが、監視されているためそれができなくなった。ありとあらゆるところに監視カメラがあり、顔認証とか声認証の技術も導入されているので、個人の特定が可能となった。

宮崎　こうしたＡＩ監視社会を「デジタル・レーニン主義」と名づけた人もいます。アリペイは日本でも、中国人観光客向けにコンビニなどで浸透しています。日本人向けサービスも検討しているようですが、日本はやめたほうがいい、全部情報を中国に握られますよ。

福島　自分の体験でいうと、たとえば私たちのころというのは携帯についているＧＰＳ機能によって監視されていたわけですよ。だから私が軍事管制区に近づくと、電話が掛かってきて、「今どこにいるんだ、軍事管制区に近づいているな」と、知らない男の人から警告される。それは一回や二回ではなかったです。なかったけれども、たとえばそれを防いで取材しようと思ったら、プリペードカードを買って、電話を変えればいい。それでも最終的にはバレますが、何日かごまかすこともできた。

ところが今では、新聞記者の声紋が記録されているので、人の携帯で電話しても、その声紋によって誰が誰に電話を掛けているかということが、バレてしまうようです。少なくとも優秀な新聞記者、当局からマークされている人たちは声紋を記録されている。それから大使のような重要な人物の声紋も。中国はいよいよ「ビッグ・ブラザー」のような社会になっているわけです。

宮崎 中国ではスマホで水道やガス、電気といった公共料金を払うとそこから自動的に税金をとられる。スマホを使っているかぎり貧しくても脱税すらできない。

福島 BBCで報道された「中国の顔認証監視カメラ」の性能はものすごいですよ。貴州省貴陽《きよう》は、ビッグデータセンターとして習近平政権の肝入りで特区建設が進んでいるところですが、ここの警察署は全市民の顔写真をデータベース化していて、顔認証AI監視カメラが導入されているんです。BBCの記者が、貴陽警察とCCTVの協力を得て、顔認証監視カメラの精度を試す実験をしています。BBCの記者の顔写真を警察に提供して、車で市のはずれまで行き、下車してバスターミナルに向かって歩き出す。さて何分で、警察はBBC記者を見つけ出すか。結果は七分でした。AI監視カメラによる相似性は八八%。

こんな監視カメラが二〇二〇年までに六億二六〇〇万台設置されて、中国人民の一挙手一投足が監視されるわけです。

この社会の圧迫感、ものすごいですよ。中国当局はこれにより、暴力行為や集団抗議、貧困テロのような事件が減ると思っているようですが、私は、むしろ、こうした圧力がこれまで、厳しい統制下でも抜け道を探して、なんとか生き抜いていた虐げられた人々を追い詰めて、むしろ暴発を引き起こすのではないかと、不安を感じています。

日本人が思いもよらない中国人の強みと弱み

福島 もっとも、たとえバブルがはじけて、金融ショックが起きても中国の一般の庶民の人たちには関係ないという面もあります。銀行に預貯金持っている人というのは、中産階級以上です。銀行がつぶれようが取り付け騒ぎになっても、案外貧困層は「ざまぁ、見やがれ」と思っているでしょう。

宮崎 預金ゼロの人も結構いるはずです。ピラミッドの最底辺にいる約四億人の農村就業人口がまずそうでしょう。

福島 そう考えると中国の経済問題といっても、富裕層・中間層四億人と、底辺の四億人は断絶している。中国人の半分以上は、バブル崩壊とか経済破綻になっても、左右されないでどうにか生きて行ける人たちで、ある種のたくましさというか強みがある。むしろ混乱が起きたら「金持ち、ざまぁ見ろ」と。要するに富める者から奪ってやれというある種の動乱を待ち望む精神構造を持っている。だから、文革みたいなことが何十年かに一遍起きたるわけです。

その点が同じバブルといっても日本とは問題の質が全然違いますね。

宮崎 文革のミニチュア版が、今各地で起こっている暴動ですが、まだそれほど凶暴ではないでしょう。これが暴徒化して民衆が武器を持って共産党本部を襲うなんていうことが始まりだすと、本当の動乱というか激動の中国になるのだけれど、まだ当面その心配はなさそうです。

荒牧万佐行《あらまきまさゆき》・写真集『1967 中国文化大革命』（集広舎）を見ていると、あの、おぞましくも残酷な文革のまがまがしさとは何だったのかと考えざるをえなくなります。暗く鬱陶《うっとう》しい町の表情が鮮烈に甦《よみがえ》る写真を通して、中国の狂気の時代が目の前に甦るのです。

この写真集は、文革の最中に北京、上海、武漢を回ったカメラマンの写真を集めたもので、当時中国に吹き荒れた狂気の風景が鮮烈な画像となっていて、『毛沢東語録』を高くかざし、「毛沢東万歳！」「走資派糾弾」を絶叫していた紅衛兵は鄧小平の長男をビルから突き落とし、劉少奇にはリンチを加えて、ろくな看病もせずに見送り、毛沢東が奪権するや紅衛兵どもは不要となり、その後農村、辺境に下方され、困窮生活を余儀なくされ、屈辱の忍耐に耐えた時代でした。そのなかには習近平も、栗戦書もいました。

劉少奇は河南省開封《かいほう》で死んだことになっていますが、跡地に「劉少奇病逝跡記念館」という、不思議な建物を偶然にみつけ、タクシーに急ブレーキをかけさせて、拝観におよんだことがあります。最後のベッドから酸素ボンベ、つまり徹底的に看病したあげくに死んだという嘘の展示で歴史改竄《かいざん》はお手のもの、陳列されていた酸素ボンベなどを見ていると、まったく噴飯ものです。ところが、湖南省の奥地に毛沢東と劉少奇の記念館が、隣村にあるのですが、劉少奇記念館のほうが立派で展示内容もよく、地元の人々が今もどちらを慕っているかがわかりますよ。

一九八〇年代初頭、文革の狂気が去って、優秀な人材の海外派遣が始まり、私は中国大陸から台湾へ自由を求めて政治亡命をしてきた多くの人々にインタビューしたことがあります。ミグパイロット、大使館員、物理学者、ミッションの通訳、京劇の俳優、核物理の博士、医者、ピアニスト、なかには文豪魯迅《ろじん》の孫の周令飛《しゅうれいひ》とも会ったのですが、誰もが異口同音に「あの文革は二度とあってはならない」と言ったのです。これらを『中国の悲劇』（山手書房）に纏《まと》めて一九八四年に世に問うたわけですが、あの文革当時、北京にあって朝から晩まで、町へ出かけ必死に壁新聞を転記している記者がいた。

産経新聞の柴田穂《しばたみのる》氏です。柴田氏は壁新聞がニュースの発信地となっていることを最初に認識し数々のスクープをものにされましたが、やがて強制退去となる。

また、日経の鮫島敬治《さめじまけいじ》記者は自宅軟禁、一年半も自宅から出られず、毎日、一人で真向法（気功の一種）を実践して体力を維持し、時間を過ごしたという。この話も直接、鮫島氏から聞いたことがあります。壁新聞は、建物の壁だけではなく、入り口から机、商店のガラス窓から天井に貼られ、バスの車体も新聞で飾られ、ついには道路にも標語が書かれるほどの異常な風景があちこちに見られることになった。

写真を一枚一枚、丁寧に眺めながら、中国に吹き荒れた文革の狂気の時代を、あの人間の持つ残虐性、その凶々しさを鮮烈に思い起こしました。

福島　文革クラスの動乱になるのはあと一五年ぐらいかかるという人もいますね。ただ毛沢東のときは、毛沢東が大衆を動員して動乱を起こさせましたが、習近平にはたしてそのカリスマ性があるのか。「習核心」「習近平思想」など一生懸命神格化キャンペーンをやり続けて、農村でも毛沢東と並んでポスターを掲げていたりする所もありますが、成果は疑わしい。

宮崎　「皇帝様」という感覚なんでしょうね。農民たちにとって中国の今の一番偉い人＝皇帝様が習近平という図式になる。

福島　習近平は農民出身でもないし、それなら本当に農民の叩き上げからきた胡春華あたりのほうがカリスマ性は持てます。

宮崎　汪洋とかね。

福島　胡春華は靴を大学に入るまで履いたことがないような貧困農村から党中央政治局に

まで、あの若さで来た。

宮崎　明治時代の軍人の秋山真之《あきやまさねゆき》兄弟も、下駄がなくて裸足で雪道を歩いていた。だからこそ強くなったんですよ。

そういう意味ではいろんな問題があってすべて問題だらけの国なのに、国民のなんというのか、あまり気にしない、明日のことを考えない、借金はしたほうが勝ちという、そういう価値観の国民は、暴動とか暴落とか何が起きても結局耐えていくのでしょう。

福島　たくましい半面、悲しいのは結局中国人は「ばらばらの砂」だということです。私は海外で活動する中国の民主化運動家の人たちとも多く面識ありますが、結局まとまりません。それは中国当局の分断工作、スパイ活動という要素もありますが、党内で行われている権力闘争を海外においては活動家同士が行っていたりするのです。打倒共産党に対し強い使命感を抱いていたはずなのに、利権、名誉、組織の拡大がそれをはばむ。

それでも私は中国が民主化することに一縷《いちる》の希望を捨てきれません。その可能性を探るべきだと思っています。このまま習近平の強権体制が維持されるとそれは隣国である日本人にとっても不幸なことですから。

宮崎　まさに孫文《そんぶん》が言ったように中国人は砂のごとし。しっかり握っていないと、風に吹かれてパアーと飛散してゆく。

第五章

「中国化」する世界と日本

アベノミクスは「統制経済」か？

福島　経済に造詣《ぞうけい》が深い宮崎さんに前からお聞きしたかったのは、株価についてです。日本株はこのところ好調で、二〇一七年十一月七日には二万二九三七円まで上昇し、一九九二年一月以来、二五年ぶりの高値を付けました。日本株はこのまま二万円台をキープし続けるのか？　三万円台まで行くのか？　やはりどこかで暴落するのか？　というのも株価は上昇しても実体経済としては好景気を実感できていない人が多い。戦後二番目に長い好景気というけれど、出版業界は原稿料がどんどん下がっていくし、売上部数も年々落ちて、出版社も取次も書店も次々と倒産している。景気がいいという実感に乏しい。

その一方で、国が株高を支えている面は確かにあると思います。政府日銀の上場投資信託（ETF）の保有残高は二〇兆円を突破していますが、これは株式全体の三％超です。また、日本において厚生年金と国民年金の年金積立金を管理・運用する世界最大の機関投資家GPIF（年金積立金管理運用独立行政法人）も国内株保有残高は五〇兆円近くある。口さがない人たちは「官製相場」と批判していますが、これには大きなリスクはないのか？

中国の統制経済と同じようなことを日本がし始めているのではないか？

じつはこれは取材というよりは私自身が投資信託を保有しているので他人ごとではありません（笑）。

宮崎 結論からいえば、当面のところ問題はありませんよ。

確かにGPIFは株価維持作戦をやりましたが、あくまで緊急事態への対応で長期的にみれば何の問題もない。株が上がったら市場に影響を与えないように売り越しています。だいたい持っている必要がありません。中国との比較でいえば、一〇分の一もないでしょう。中国は政府が株買いに走り八七兆円も購入したうえ、年金基金にも株を買わせて、なんとか株価を維持しています。

それから株高のもう一つの理由はアメリカがポートフォリオ（金融商品の組み合わせのこと）における日本企業の見直しをやっているからです。安倍さんがもう少し強気の経済政策をやれば、もっと上がると思いますよ。ただ、株高のピークがいつかというのは誰も見極めをつけられないから、そこそこの利益があったらさっさと売ったほうが賢明でしょう。北朝鮮という地政学リスクもあります。

アベノミクスを批判して「統制経済」だとか、そういうことをわざと誇大に言う日本のエコノミストが日本論壇の主流だから困ります。とりわけ「どアホノミクス」とか言っている人たちですね。しかし、あまり表には出てきませんが日本にもしっかりしたエコノミストがいて、たとえば武者陵司《むしゃりょうじ》さんあたりは別のことを言っています。

金融ビッグバンにたぶらかされた金融市場

宮崎　なぜ日本株が長期低迷していたのか、その経緯と構図を解説したいと思います。バブルのときまで時計の針を巻き戻すと、一九八九年がバブル景気で、株が下がり始めたのが九〇年から九一年なんです。それから二年遅れで不動産の下落が始まり、あっという間に「失われた二〇年」になった。一〇年のつもりが二〇年になったところで、やっと回復軌道に乗った。

それまでは、日本の株というのは、野村証券の主導のもと、日興証券、山一證券、大和証券がリードしてきた。その名門の一つである山一がつぶれた。

バブルが破裂して真っ先に起きたのは銀行再編です。ＢＩＳ規制（自己資本比率規制、日本では一九九三年三月に導入）という欧米からの規制の押し付けです。あのときは自己資本率を八％（バーゼル１）と決められましたが、バーゼル２、バーゼル３とどんどん規制が厳しくなってきています。

銀行が持っている債権が不良債権化すれば、たちまち資本率を割り込み、山一證券もそれでつぶれた。というより当局の無作為により、つぶされたと解釈したほうがよい。問題は、計算方法によって債務超過を勝手に決めつけるやり方です。一九八〇年代には一三行もあった全国規模で展開する大手都市銀行が、今や四つの金融グループに集約されてしまった。

日本の株式市場がおかしくなったのは、橋本内閣における金融ビッグバン（一九九六年）が元凶です。これはロンドンのシティーが行った「ビッグバン」におけるウィンブルドン形式にあやかった改革です。「ウィンブルドン方式」とは、他国に会場を貸して、繁栄するテニス大会にヒントを得て、ロンドン市場を海外投資家と金融機関に開放した。

同様に日本もフリー（自由）、フェア（公正）、グローバル（国際化）という美名のもと、金融市場の規制を緩和・撤廃して、市場の活性化や証券業界の国際化をはかった。当時の日本の金融市場を護送船団方式（護送船団は最も速度の遅い船舶に合わせて航行するところから、特定の産業において最も体力のない企業が落伍しないよう、監督官庁がその産業全体を管理・指導しながら収益・競争力を確保すること）と業界が国策として保護されていることを閉鎖的だと批判した。

しかしその結果、金融ビッグバンによって自由化されたことにより、金融商品が複雑化しサブプライムのような怪しげな商品を生んだし、ウォール街のハゲタカファンドの食い物にされる場になった。ウォール街の現代ポートフォリオ理論（投資信託をはじめとするポートフォリオのリスクとリターンの関係を明らかにした理論）という分散投資のことで、この理論がアメリカから入って以来、株価の形成が変わった。もう一つは、コンピュータによる高頻度取引（HFT）で、それまでの野村主導というマーケットの特色が完全に消えた。

以前は是川銀蔵《これかわぎんぞう》に代表されるような日本独特の相場師がいました。また仕手と呼ばれる投機家集団がいて、しばしば仕手戦を繰り広げ市場で暴れまくった。仕手戦とは仕手が売り方と買い方に分かれ、投機的な売買で利益を得ようとする相場の戦いです。「買い方」は安値の株を大量に買い続けて株価を急激につり上げる、一方「売り方」は信用取引を利用し割高と思われる株を大量に売り続けて株価を叩き落とそうとする。そのため、株価は乱高下を繰り返します。

有名な仕手戦は大神一《おおかみはじめ》（山一證券）と山崎種二《やまざきたねじ》（ヤマタネ）による旭硝子仕手戦（一九五〇年）でしょう。

ウォール街支配が日本株を低迷させた

宮崎　日本で最初に株式会社をつくったのは亀山社中と言われていますが、違います。あれは会社のコンポジションを真似ただけで、やはり幕末の小栗上野介《おぐりこうずけのすけ》です。

日本の株式会社の始まりは、投資家が集い、昔の株仲間の延長で、金を出し合って、それが銀行の代わりのようなものになっていた。その基本にあるのは、信用です。市場というのは信用がなければ動きません。健全な時代の株というのは、夢に賭《か》けた。この企業は発展するぞと思えば株を買う。企業にとって株は、タダで借りられるお金のようなものです。それから社債もタダで借りる債権です。

株も社債も銀行から借りるお金の金利よりも、社債は儲《もう》かったら利率を上げればいいし、株は配当すればいい。儲からなかったら株は配当しなくていいし、社債もしばらく持ったままいてもらうしかない。つまり投資による利益の配分を待つというのが株主の本来の姿だったのに、今の株は売り買いで利ザヤを抜くという「投機」目的になっている。

ところがアメリカのガバナンスのルールが入ってきて、理不尽なことに株の持ち合い制度がいけないなどと言い出した。これによりバブル崩壊による資産デフレや不良債権問題にただでさえ苦しむ企業や銀行の持ち合い株を売却して、現金づくりを急ぐ動きが加速した。いかんせん、持ち合い株は東証一部上場銘柄の全発行ずみ株数の五〇％以上を占めていた。これが解消されたわけです。株価の下落に拍車をかけ、ますます売りにつながり株価は奈落の底へと落ちに落ちた。

それから商法の改正により、株主総会のあり方が変わり、総会屋も消えました。この影響は非常に大きい。また、「物言う株主」が持てはやされ、外国人株主もしくは外国人株主の代理人、それから弁護士みたいな人たちが代表訴訟を起こすようになった。製造者責任も、二〇年前までの日本にはなかったルールです。その極めつきが東芝、あの日本的経営の東芝が外国的価値基準によって悪い会社に仕立て上げられるようになった。神戸製鋼も似たところがありますね。

福島　東芝の問題は、とあるネット番組で『東芝原子力敗戦』（文藝春秋）を書いたジャーナリストの大西康之《おおにしやすゆき》さんをゲストスピーカーに招いて討論会を開いたんですけど、東芝の脇の甘さとかバカさとか、経産省の売国奴ぶりとか差し引いても、やっぱり米国の腹黒さが諸悪の根源という気がします。背景には日米の原子力政策の駆け引きがあったのでしょうけど、結局、日本が米国の新原子力発電事業の失敗で生じた巨額の負債を肩代わりさせられたのです。もともと減損のあったウェスチングハウス（WH）を六六〇〇億ドルの高値で買わされ、さらに七〇〇〇億円の赤字を抱えている電力会社のS&Wまで押し付けられた。この赤字は米国が官民一緒になって隠蔽《いんぺい》して、東芝を騙《だま》して売りつけられたということです。グローバルビジネスでは騙されるほうが悪い、ということなんでしょうけど、日本人からすれば、モノづくりの良心、商売の倫理はどこにいった？　とも思います。

ＷＨは中国でも四基の原発を建設中ですが、事実上このプロジェクトはぽしゃっている。となると中国は、その賠償をＷＨに請求するやもしれないけれど、結局はＷＨの親会社・東芝が払わねばならず、東芝が払えないとなると、政府が血税から支払うということになる。その額は八兆円にのぼりかねない、と大西さんは指摘しています。今のところ、ＷＨの問題は、中国側は沈黙しているのですが、それがなにか、恐ろしいですね。東芝再建の一つの鍵《かぎ》である半導体事業売却に関しては、中国当局の独禁法審査が一つの焦点になっていますが、いろんな意味で東芝および日本の原発技術の行方に、中国が悪い形で絡んでくる予感があります。

宮崎　結局のところ、わが国の株価は誰が主導権を持っているかといえば、アメリカです。しかもウォール街の主導で日本の株価が形成されていくようになってしまった。

そのことはニュースを見ればわかる。午前六時のニュースは何かといえば、ウォール街の終値から始まるんだから。

ウォール街の動きがほとんどミラーのように東京市場に来る。したがって、ウォール街が下げたら東京も下がる。

そのため、日本の市場における日本の投資家の介入する余地が、非常に狭まり、アメリカのファンドに市場の主導権を牛耳られた。それが日本株がずっと低迷していた一番の原因です。

安倍政権で日本株はなぜ上がるのか

宮崎　それから日本株低迷の二番目の原因は、新興諸国の台頭が関係しています。つまり、貿易の配分がこれで劇的に変わった。日本の貿易相手国の一位だったアメリカが二位に転落し、中国に取って変わられた。それにより、日本の投資家の目も、アメリカ株重視から中国株に向けるようになった。

　ところが、その矢先アメリカが日本の頭越しに中国の企業投資を始めてしまった。つまりこういうことです。アメリカのファンドというのは、投資期日とポートフォリオを決めたら、半年なら半年、それを続行する。たとえば、一〇%は中国の株、五%は日本の株を買う、そう決めたらそのとおりにするわけです。アメリカのファンドの保有する日本株の割合が大幅に減った。

　逆にいうと、日本の株式の長期低迷＝買い手がいない状況は、それだけ資金力のあるアメリカファンドの影響を強めることになった。つまり、日本は国家ファンドがなかったため、日本株はアメリカのファンドが操作して上げ下げ可能な構図となっていた。それにやっと気がついたのが、安倍首相です。日銀の金融政策を変えさせて、「黒田バズーカ」と称された異次元の量的緩和を行い、資金の放出を始めた。日銀は民主党政権の白川《しらかわ》時代にも量的緩和は行っていましたが、アメリカから圧力が掛かっていたのか、まだまだタイトだったのを、いきなり緩和しましたから当然株価が上がります。と同時に、日銀はＥＴＦを購入し、ＧＰＩＦも運用の基本ポートフォリオを見直し、国内株式を一二％から二五％にまで引き上げた。その結果、欧米ファンドの日本株に対するポートフォリオの見直しが始まった、というのが日本株復活までの経緯です。

要するに日本株の低迷は日本市場の「中国化」ではなく、「アメリカ化」にあったわけです。

二〇年間の日本企業はアメリカ化を押し付けられ従順に押し進めてきた。「コーポレートガバナンス（企業統治）」だとか「コンプライアンス（法令遵守）」という無意味な言葉が大手を振っていますが、なんてことはない社外取締役を入れろ、ということでしょう。その社外取締役を入れた重役会議で会社の基本方針を決めろと。日本的経営はやめちまえってことなんです。結果的に財務、経産、外務、法務、検察の有力ＯＢの天下り先になっている。これはある種社会主義的な発想です。

もう一つは株主の配当重視に日本の企業は性格を変えられてきた。

それまでの日本企業というのは、社員を一番大事にしてきた。だから儲かったら社員にボーナスをはずむ。次に設備投資を増やし、研究開発費を増やし、残りカスを株主配当にする。この比重が逆転してしまった。

いま、株主配当が一番です。次に経営者のボーナス、設備投資、そして最後に社員への還元とアメリカ的になってしまった。そういったアメリカ化した企業をまたアメリカのファンドが投資する。そのため、日本の美風をけなげに守っている会社の株は外国ファンドによって売られるわけです。

日本の雇用を奪うアマゾンを誰も止められない

福島　二〇一七年は、前年のブレグジットやトランプ政権の誕生の潮流からグローバリズムの終焉《しゅうえん》が言われていた年です。政治的にはあの枝野幸男《えだのゆきお》でさえ「保守」を名のるように、グローバリズムを喧伝《けんでん》するリベラルメディアの影響力が落ちていることは間違いないとしても、依然としてグローバル企業が席巻している事態に変更はありません。出版社の人と話しているとアマゾンの問題は深刻だと聞きます。アマゾンは書店と出版社の間に入っている取次会社を無視して各版元と直接取引をしようとしています。しかも既存の取次より出版社の取り分である利率は低い。直取引による出版社側のメリットは売り切れによるカート落ちがなくなる＝売り逃しが防げる。最早どの出版社にとってもアマゾンの売り上げを無視できないし、そうかといってこのままいけばアマゾンの市場支配はますます強まる。アマゾン帝国に出版業界のルールそのものを変えられてしまう恐れもあるわけです。アマゾンの電子書籍キンドルなら書店も取次も出版社も通さず、著者とアマゾンだけで書籍を出せる。将来的にこれが紙の世界でも起こりうるわけです。しかし出版社にその対抗策はない。

宮崎　アマゾンの影響は衣料、スポーツ用品、食品、家電、クラウドなど出版界に留まりません。オモチャメーカーのトイザらスを破産に追い込み、ホールフーズを買収し、ウォールマートをつぶしにかかっている。

ユーザーから見ればアマゾンの利便性を手放すことは最早できないでしょう。利用者の増加とともに利便性が高まるネットワーク効果により市場はますます独占されてゆく。極論すれば、アマゾンがつぶした企業の雇用をアマゾンが担うのであればまだ問題は軽い。地方の駅前はイオンなどの大型モール店の進出でシャッター通りと化しましたが、やはりつぶれた商店の雇用の受け皿にはならなかった。これがより大規模になって日本企業に襲い掛かる。クロネコヤマトは巨大な流通網を持っていたからとりあえずはアマゾンに対抗できましたが、運送料の値上げによりしわ寄せをくったのは荷物の取扱量の少ない中小企業です。

米調査会社によると、なんと世界企業の利益の八割は、アマゾンやフェイスブックなど「FANG《ファング》」（フェイスブック、アマゾン、ネットフリックス、グーグルの頭文字をつないだ造語）と呼ばれる豊富な知的財産を持ったIT企業が中心となって、稼いだものだという（日経新聞、十二月二十五日）。ところが、そうしたIT企業は生産性が高い半面、雇用は生まない。アマゾンのおかげで便利な世の中になっても気づけば自分の職場がなくなっている。これは国民一人ひとりにかかわる深刻な問題です。

福島　中国を見ればよくわかりますが、グローバル企業が求めるのは安い労働力です。安い賃金ですむ外国人労働者を入れれば、日本人の給料もおのずと下がる。消費が減るのは必然です。消費を増やせというのであれば、いっそのこと消費税を撤廃すればいいのではないでしょうか？　こんなことをいうと日本共産党のようですが（笑）。

宮崎　それは正論ですよ。消費税の税収は今一七兆円くらいで、これが一％上がると二兆円の税収となると言われていますが、それで消費を冷やしたのでは本末転倒です。結果的に家計の所得税も企業の法人税も減る。消費税導入は財務省が主導した。財務省は常に財政赤字を喧伝して、勉強不足の新聞記者を洗脳して、世論を誘導していますが、省益の追求にすぎない。おっしゃるとおり、本当は消費税などやめるのが一番ですが、制度として定着したものをやめるとなると、コンピュータのプログラミングからやり直しをしなくてはならない。

福島　せめてこれ以上上げなければいい。しかし二〇一九年の十月から消費税一〇%は既定路線となっている観があります。

宮崎　残念ながら、それだけ財務省の力が強大なのでしょう。安倍政権だけの問題ではない、経済論壇においても、正論がいっさい通らなくなっている日本の言論状況こそ問題にすべきです。

日本経済の死活問題である為替は固定相場に戻せ

宮崎　それから日本経済の死活を制する大きな問題は為替です。よく輸出国間における「通貨安競争」が取りざたされますが、「為替操作国」という批判を受けるから、日本はこれを露骨にコントロールできないわけです。

為替というのは、円高になったら輸出は止まる、円安になったら輸出は増える。たとえば、一ドルのエンピツをアメリカで売る＝輸出を考えてみましょう。輸出とは円をドルに替えてふたたび円に戻す流れです。そのさい、一ドル＝一〇〇円より一ドル＝一二〇円の円安のほうが売れた場合二〇円利益が増します。逆にいえば、アメリカで売るさいに円安になった分だけエンピツの値下げ余地が増す＝価格競争で有利になる。反対に円高は一ドル＝一〇〇円だったものが一ドル八〇円となり利益が減る＝値上げをしなくてはならなくなる。通貨安＝輸出有利なのはそういう理由です。

反対に円高のメリットというのは、原油の輸入代金が安くなる、円安だと高い。これは海外旅行をした人であれば、誰でも実感していることで説明はしなくてもわかることだと思います。

日本は輸入に有利な円高でも省エネを進めてきた。何といっても日本はエネルギーの九九％は輸入に頼らざるをえない国です。輸出を増やして稼ぐか、エネルギーを安くするか。そういう意味で外為というのは日本にとっては死活上の問題であるにもかかわらず、死活上の問題として正面から論じているエコノミストは少ない。

では為替は何で決まるかというと、一番は金利の高低です。それから貿易が赤字か黒字かの経常収支です。金利が他の通貨より低いということは円を持っていても得をしないということです。したがって低金利＝円が弱い＝円安のはずが、円が強い＝円高だったのはおかしい。もう一つの要因である経常収支は、日本はずっと黒字だから円が強いのは当然ですが。

ところが日本の為替は金利と経常収支ではない、もう一つの政治相場という要因で決まっていたわけです。政治の強弱でわれわれの通貨の為替レートが、ほぼ決まっていた。世界を見れば、日本以外の国は皆為替を操作しているのに、日本だけバカ正直にそれを守っていた。たまに為替介入すると諸外国から轟々《ごうごう》と非難されて日本は政策を変更し、心理が萎縮《いしゅく》してしまう。どの国も同じことをやっているじゃないかと言えばいいだけなのに。ちなみに二〇一七年を通して、当局の為替市場への介入は一度も行われませんでした。

前述の白川日銀時代というのは、世界中が金融を緩めて通貨をジャブジャブ発行しているのに、日銀だけ控えめだった。だから、ぎゅっと円高になるわけです。あのとき、もう少し通貨供給を増やせば、少なくともアメリカ並みに増やしておけば、まだ円安を保つことができて、景気がこんなに落ち込むことはなかった。日本のように輸出で儲けている国が通貨高となれば、価格競争に敗れ輸出が止まるのは火を見るように明らかだった。

そして、その円高が一〇年も続けば、日本の輸出企業は国内では産業は成り立たないから、皆外国に進出した。台湾でも成り立たないから中国へ、中国でもそろそろ成り立たなくなったからベトナムへ、ミャンマーへ、という具合に。肝要な国力が空洞化してしまった。だから日本の国力が弱まったのですね。

一方、アメリカはドルが基軸通貨だから、為替の影響は少ない。これは多くの日本人が思っているよりもすごいパワーなのです。アメリカの借金がどんなに増えても基軸通貨の地位を手放すことはないでしょう。ですから中国人民元がドル基軸に挑戦してくれば、徹底的に叩きつぶすでしょうね。

株の暴落、不動産バブルの崩壊に続いて、輸出の低減で日本は不景気なのに物価が上がるというスタグフレーションに陥り、失業率が増えて、新卒の就職先がなくなった。第二次安倍政権になって黒田バズーカを撃って、一発目は非常にうまくいったけれど、その後が続いていないのが現状です。

以上を踏まえたうえで、為替政策をどうすればいいかといえば、中国のように準固定相場に戻せばいい。なぜなら、固定相場であれば、金融政策により為替差損を負うのは政府です。一方、変動相場だと為替リスクは個人が負う。中国は為替リスクも利益も全部政府が取っているわけです。これは本当は正論なんですが、今の国内世論ではとても通用しないし、アメリカもそれを許さないでしょう。

日本のバブル崩壊を研究した中国

宮崎 九月の解散総選挙で小池知事は企業が溜め込んでいる内部留保に課税しろといいましたが、これは言うまでもなく二重課税で誤りです。ただ、利益を溜め込んでいる大手企業の内部留保を賃金や投資に回せというのは正論です。ところで、内部留保への課税は一時的な作戦として財源が足りないときには、どの国もやってきたことです。しかし、日本のような民主国家ではできないでしょう。

福島 中国ならそれができてしまう。

宮崎 中国は何だってやっちゃうから。「統制経済」といったところで中国とは比較になりません。強権発動ができる国だから、株価の操作もできれば、為替操作も、財産の没収も、外貨流出規制もできるわけでしょう。極めつきは、不動産税（固定資産税）と相続税の導入です。だいたい私有財産を認めていない「強欲資本主義的独裁社会」の中国でそうした課税をすること自体、強引ですが、沿岸の大都市では近年「固定資産税」が課せられている。まだ税率が低いからいいものの、不動産価格が急上昇している中国でまともにやれば、すさまじい重税となるし、早晩不動産は叩き売られるでしょう。しかしいよいよ財政がやばくなったらこの強硬手段を中国は講じざるをえなくなる。

それはともかく、中国が何を見ていたかというと、その日本のバブル後にやった失敗を繰り返さないために反対の政策にこだわりすぎたのではないのかなと私は見ています。

福島　だからEUのように習近平の統制経済を評価しているメディアもあります。私は経済というのは、基本的には国家による規制をなるべく少なくし、フェアな市場における自由競争というのが前提条件だと思いこんでいますが、ひょっとすると中国のようなやり方のほうがうまく行くと思っている人も民主国家のなかにも多数いるのかもしれません。

いわゆる、国家資本主義です。しかし、私はそれが可能なのは、せいぜいシンガポールとか、あのレベルの規模の経済だと思っています。ですから、中国のような巨大な国家ではどだい無理だと思います。

宮崎　シンガポールというのは、六〇〇万に届かないくらいの人口でしょう。シンガポールの通貨は、一応ハードカレンシーと言われながら、ほとんど世界では通用しない。シンガポール・ドルと手数料なしで等価交換できるのはブルネイだけです。香港ドルは一時非常に強くて、というのは完全にドルとペッグしていて、いつでもドルに交換できるという通貨だったからです。

一九九四年に朱鎔基がいきなり人民元を三〇％下げ、それまで二重レートとなっていた人民元レートを一本化し、現行の管理変動相場制へ移行した。また、外貨取引センターを設立し、すべての為替取引を同センターに集中しました。これらを一片の声明だけでやってのけるのが中国ですね。

朱鎔基の英断によって中国の経済というのは、かなり国際的なレベルになってきたわけでしょう。二〇〇一年にはＷＴＯにも加盟した。中国の国内では加盟に対してえらく反対が多かった。中国は見よう見真似で国際的なマーケットというのは、どういうものかということをだんだんわかってきた。

特に為替に関しては、先進国並みにルールをよく研究しながらも、かなりフレキシブルにやってきている。

ですから、中国はグローバリズムというものも理解している。それに対する国内規制とか国内の金融財政政策がいかにおかしいかということは、中国のエコノミストたちはよく知っている。知っているけれども最終決定権が、なにしろ中央銀行総裁にもなくて、トップ・セブンにあるから何もできないわけです。

幸い中国の人民元がまだグローバル化されていないからいいようなもので、これからさらに広がって行くと世界に甚大な影響力をおよぼす。なぜかというと、今でさえ実態貿易の一〇〇倍ぐらいの金融取引になっていて、旧来のケインズ経済では誰も制御できない規模、それこそ金融が「宇宙空間」にまで拡大してしまった。

だから中国がバブル崩壊になったら、リーマン・ショックの規模は間違いなくはるかに超える。これからは、本当にこれが深刻な問題になると思いますよ。

しかし、さしあたり日本が真剣に考えなければならないのは、中国のバブルがはじけ中国株が暴落すると、中国と取引のある日本企業銘柄はまず一斉に下がることです。

日本の株価が下がると、今度はマインドまで冷え込む。結局株が下がると、下世話な話、居酒屋に客が来ない、銀座に閑古鳥が鳴くようになる、旅行も控える。温泉旅館は今超満員なのにガラガラでいつ行っても泊まれるようになり、しかも値下げ競争が始まる。この心理的影響というのは、けっして侮れません。中国のバブル崩壊により、日本の経済も悪循環に巻き込まれるのです。だからといって中国のバブル崩壊を食い止める助力を日本がするべきかというと、そんな力もない。

福島　世界は中国のバブル崩壊を何とかハードランディングではなくできるだけ穏やかなかたちで着地させようとしているのだと思います。問題はそのことを一番わかっていないのが習近平ではないか、ということです。

日本も中国を笑えない人心荒廃

福島　私は日本の問題でいうと経済よりも人心の荒れ方のほうが心配で中国化しているのではないかと思います。中国は、人心がとても荒れて、暴動は増えている。やっぱり賃金未払いとか失業で、労働争議も増えていますが、日本も中国の監視社会を笑えない。

ＳＮＳをみていると「ヘイトだ、ヘイトじゃない」というような、何か変にギスギスと憎み合うような社会の雰囲気になってきている。

私は日本人は本来もっとおおらかだと思うし、心のなかでは思っていても言わない人たちが多かったのに、たまたまかもしれませんが、最近はすぐキレて電車のなかで怒鳴り合ってケンカする人よく見かけるようになりました。少なくとも私が北京で駐在する前の日本で仕事をしていたときは、そういうのはほとんど見なかったです。

中国人というのは、そこらへんで男と女がつかみ合いのケンカをしていたし、女房が夫の愛人を追いかけて素っ裸にして、公衆の面前でぶちのめすみたいな、そういう光景を結構見かけたものです。恋人同士、夫婦同士のケンカが殺人事件になってしまう、あるいは仲裁しようとした人が殺されてしまう、なんて事件も珍しくはなかった。私の周囲ですら、夫婦ゲンカで毎回警察が駆け付けるような激しいケンカをする人がいて、しかも夫婦双方ともそれなりに会社の取締役だったり社会的立場のある人たちだったりします。この激しさ、思ったことをすぐ言葉にして行動にしてしまうところは、日本人と違うなあ、と昔は思ったものです。

宮崎　ホステス同士でもやるらしい。あいつが私の客をとったとか、とにかくすぐ女同士、殴り合うのですよ。

福島　本当にちょっとしたことで、殴り合い、つかみ合いのケンカをした。警察と庶民もやっているし、庶民が党員をボコボコにしたり。「まぁ文革が起きた国だから」と思っていたら、日本でも同じような光景をみかけるようになった。ちょっと語弊がありますが、「本当に日本人ですか」と思うけど、顔を見たら明らかに日本人だったりする。

話がずれるかもしれませんが、女優の水原希子《みずはらきこ》が、プレミアムモルツのCMに出演しているさいに、ツイッター上でバッシングがおきたんですね。彼女が、日本国籍ではないとか、日本国籍でないのに日本人のふりをしているとか、過去に日本を貶《おとし》める発言をしたとか、そういう理由であったと思います。で、彼女のファンは、そのバッシングが人種差別的だ、ヘイトだ、と批判した。結構著名な言論人もツイッター上でコメントしたりして、それなりに社会現象になりました。

バッシング発言の背景を、詳しくいうと、水原希子は二〇一六年七月、中国の天安門に中指を立てた中国人の著名アーチスト・艾未未《がいみみ》の写真に、インスタグラムで「イイネ！」をつけたことが、中国政府への批判ととられ、また靖国神社の御霊祭りに浴衣姿で参加する女性の後ろ姿の写真を投稿したことも重なって、「反中軍国主義の日本人女優」と中国全土で大炎上した。彼女は中国の微博で当時一八〇万フォロワーを持ち、中国芸能界進出も進めていました。この炎上によって、中国での仕事を干されそうになったため、すぐに中国の動画サイト「秒拍」に約四分間の英語の謝罪動画を投稿したのですが、その謝罪動画のなかで「私は父が米国人で、母が在日韓国人です」と自分が日本人ではないことをカミングアウトし、艾未未の写真については「友人が投稿したので〝イイネ！〟をつけたが、それが〝極めて不適切な写真〟であることがわかりました。私は一時間以内に〝イイネ！〟を取り消した」と全面的に非を認めて、最後に「対不起」と中国語で謝りました。気の強いことで知られる彼女が全面謝罪をしたのは、当時出演が決まっていた中国映画がこのままでは降板されかねない、という流れだったからです。同じ映画に出演している台湾人俳優・レオン・ダイが台湾独立派だといちゃもんをつけられて降板されており、当時、中国で活躍している外国人芸能人は〝政治的踏み絵〟を踏まされやすい状況でした。

私は、このとき、外国人芸能人に対して、些細《ささい》な言動を世論に炎上させて、政治的踏み絵を踏ませ、プロパガンダに利用する中国のやり方に怒りを感じたので中国に批判的な論調でこの問題を取り上げたことを覚えています。

ところが、今度は、この発言を蒸し返されて、日本の世論から「水原希子は、過去に〝私は日本人じゃない〟といって中国におもねった。そんな女優を日本を代表する企業が起用するのはけしからん」と言うようなバッシングを受ける事態になった。

私は当初SNSでそれを見たときに、何かの陰謀かと思ったわけです。なぜなら、日本人がそんなことでバッシングするような国民性じゃないと思っていたから。ところがそうではありませんでした。

かつての日本人ならば、中国からバッシングを受けたのと同じ理由で芸能人を日本の市場から排斥すべきだ、といった意見を言う人はほとんどなかったと思うのです。そもそも日本の芸能界は、外国人であろうが、日本人であろうが、あまり気にしなかった。芸能人に政治的な役割は求めなかったし、芸能人自身も政治的な発言は控えていた。水原希子の過去の発言は、中国に言わされたもので、それは中国の映画市場、芸能市場の大きさから抵抗できなかったからですが、おそらくひと昔前の日本人ならば、彼女を芸能人として好むか好まざるかを別にして、彼女が〝私は日本国籍でない〟と言い訳をせねばならなかった中国の言論・思想統制の厳しさのほうを「何て中国は自由がないんだ」と批判したと思います。

ところが、最近は日本人が、中国人みたいなイデオロギーチェック、国籍チェックを芸能人、芸能界に対してするようになっている。日本の芸能界市場が中国みたいになってきたのかと、私自身驚いて、初めは日本人を貶めようとする中国人の宣伝工作かと思いました。そのくらい彼女へのバッシングは異様な感じがしました。

宮崎　それでモルツの広告は、やめになったんですか？

福島　やめになってないです。だから、そこがまだ救いですね。結局、企業側はそれによって彼女を市場から排除するということもなかったし、彼女へのバッシングを批判する意見もあって、それなりにメディアで盛り上がった。むしろ企業も謝らなかったし、本人も謝らなかった。

そこが幸いにも日本の中国よりも一〇〇倍マシなところです。

でも日本人がここまでギスギスし始めたというのは、やはり最近のことかなと思います。

宮崎　日本人の「中国化」という意味は、人間性、倫理の中国化ということではなく、SNSの発展によって人と直接コミュニケーションできない人が増えたということで、これはコミュニケーションの崩壊ですよ。相手の顔が目の前にあるのとそうでないのでは、同じ言葉を言っても重みが全然違います。顔を突き合わせるからこそ言えないこともある。

自分の食べる料理をやたらと写真に撮ってＵＰして、それに「いいね！」とか同調している人がいますが、「同じ釜の飯を食う」人間関係は築けない。

ＳＮＳでのやりとりがコミュニケーションであると信じて疑わないところから、すでに人間関係の基本のところの崩壊が始まっている。

世界のほうこそ「日本化」せよ

福島　その点、安倍外交の、〝和をもって貴しとなす〟をもっと日本人は見習ったほうがいい（笑）。安倍晋三は、お坊ちゃん的人の好さ、人当たりの良さ、というのがあると思うのですが、同時に生まれながらの政治家の習性だなと思います。たとえば、とある政治家の集まるパーティーの裏方を手伝ったとき、そのさい裏方の人間にまで挨拶《あいさつ》にきた政治家は彼だけでした。彼の側近や後継者と言われている人たちは、私たちは使用人扱いで、ほとんど目にもとめなかった。あ、選挙でもないのに、有権者一人ひとりに対して、こういう気遣いができるんだ、私たちの一人ひとりが票にみえるんだ、政治家だなあ、と思ったことがあります。私は政治部記者経験は一年あまりと短いのですが、その短い政治部記者経験で、同じような〝政治家らしい気遣い〟を感じたのは、安倍晋三のほかは、小泉進《しん》次郎《じろう》かな。

宮崎 近年、政治家の劣化は著しいものがあります。小池新党、民進党の瓦解《がかい》がその最たる例でしょう。それはともかく、日本人の堕落こそ「中国化」ですが、真実は「アメリカ化」と言うべきでしょう。その本質は同じ穴のムジナです。前章で論じた電気自動車化（ＥＶ）もそうですが、国家が市場を一方的に規制するわけですから。フランス、イギリスは二〇二五年までにＥＶシフトを表明しガソリン車とディーゼル車の販売を二〇四〇年以降に禁止すると発表しました。中国も二〇三〇年にすべてをＥＶ化（ガソリン車の廃止）すると時期を定めています。二酸化炭素の排出権もそうですが、国家が市場をつくり支配するという意味において欧米も中国も変わりはない。国民に強制的に商品を買わせるのはおかしいのではないか。もし、それが中国化と言うのであれば、世界も中国化でしょう。

福島 結局、中国も欧米の本質が帝国主義にすぎないことを理解しています。だからこそ彼らの言うきれいごとなど歯牙《しが》にもかけない。日本は「アメリカ化」「中国化」を脱し、もう一度「日本」的であることの大切さを見直すべきですね。

宮崎 世界のほうこそ「日本化」すればいいのです。

最終章

北朝鮮崩壊の先は米中対立だ

大地殻変動を起こしていた中東情勢

宮崎　これまで主に中国について論じ合ってきたわけですが、最後により大きな視点で世界を眺めてみたいと思います。日本から見れば近い朝鮮半島情勢がどうしても気になりますが、アメリカの本音は中東情勢が重要です。そして中東というのは中国の一帯一路プロジェクトでやや力を抜いている地域です。

今の激動する中東情勢の発端は何かというと「アラブの春」で、つい五年前のことです。チュニジア、エジプト、リビアがひっくり返り、そしてシリアに来て民主化をやろうというのがオバマ政権までのアメリカの思惑だった。ところがアラブの春がみんな失敗して、リビアも無政府状態になりエジプトは軍事政権が復活し、シリアはアサド政権が延命しています。このアメリカのアラブの春の策動を注視していたのはサウジアラビアですが、対米戦略を変えた節がある。つまり軍事的にはあくまでもアメリカとの同盟を維持しながらも、イスラエルとの関係を復活させカタールと断交した。もっとはっきり言えばサウジアラビアが見ているのはイランで、イランとの対決姿勢を鮮明にしている。これは相当深刻というか複雑な問題でIS（イスラム国）以後の中東情勢はシリアをすっとばし、サウジ対イランの対立構造がむき出しになってきた。中東では巨大な地殻変動が激化していた。アメリカの力の衰退を象徴するかのように「シリア」問題ではヘゲモニーを握ったのはロシアです。そのロシアにサウジも異常接近する。そしてサウジに断交されたカタールも、ロシアに急接近しています。

カタールの沖合ガス田は、じつはイランとの共有です。カタールはイランとの関係を緊密にせざるをえないわけですが、同時にカタールには米軍の大規模な軍事基地がある。ところが、そのカタールはロシアのロスネフチの大株主となってアメリカを刺激しました。したがって、サウジのカタール断交の裏にはアメリカの戦略的意思があったといいます（柏原竜一《かしはらりゅういち》『北朝鮮発　第三次世界大戦』、祥伝社新書）。

そこへ「エルサレムがイスラエルの首都」とトランプ大統領の爆弾発言が炸裂《さくれつ》したから大変な騒動です。

こうした中東の大地殻変動は、アフガニスタンやパキスタンといった南アジアへ飛び火しそうな気配です。アジアタイムズ（一七年十二月二十七日）によると、ロシア情報筋の話として、シリアから追い出されたＩＳ兵士のうち「一万人がアフガニスタンに潜入した」という。ただし人数の検証はされていませんが。

二〇一七年十月にアフガニスタンの元大統領であるカルザイもフランスのメディアとの

インタビューで、「アフガニスタンで新しい武装集団があちこちに展開しているが、これはIS兵士とみられる」と発言し、「アメリカ軍はそれを知悉《ちしつ》しているが、なんの軍事行動もとっていない」と言っていました。

パキスタンのバロチスタンでも中国人二人が殺害されたように、パキスタンからの分離独立運動が盛んです。ここにISが潜入、あるいは合流の可能性もある。となれば、アフガニスタン、パキスタンの治安はまたも乱れ、地域の安全保障が深刻化する。

この混乱をロシアは「中国のシルクロード攪乱《かくらん》を狙《ねら》うアメリカの陰謀が背後にある」と分析していますが、飛躍的です。東欧での「カラー革命」、「アラブの春」をもたらしたオバマ政権ならいざ知らず、トランプ政権はむしろ反対の戦略に傾いていますから。

福島　世界情勢の大きな不確定要素の一つはトランプだと常々思ってはいましたが、これは衝撃的でした。ガザ地区では暴動で死者が続出し、パリでも大規模な反対集会が開かれています。全世界のイスラム圏ならびに先進国のイスラム移民が暴れまくり、トランプの写真と星条旗を踏みつける事態にまで発展した。トランプの意図はどこにあるのか、ふだん彼を擁護する日本の識者も怪訝《けげん》に思っています。

宮崎　一見唐突にみえるトランプ発言ですが、じつはすでにトランプは大統領選挙への出馬会見（二〇一五年六月十六日）をNYトランプタワーで開き、その折に配布した自著『障害児となったアメリカ』のなかで、公約の一つにこれを入れていました。

ＴＰＰ離脱、パリ協定脱退、ユネスコ拠金凍結、メキシコとの間に壁、ＮＡＦＴＡ見直し、同盟国への防衛分担増大とともに、「エルサレムをイスラエルの首都であることを歴代政権は確認したが、大使館を移転しなかった。私は大使館移転も行う」とちゃんと書いています。

トランプが爆弾級の発言を行った理由

福島　国連安全保障理事会は二〇一七年十二月十八日、トランプがエルサレムをイスラエルの首都に認定したことについて、撤回を求める決議案を採決しました。常任理事国であるアメリカが拒否権を行使し、否決されましたが、一五理事国のうち一四カ国は賛成し、当初コメントを控えていた日本も賛成にまわった。決議案はエジプトがまとめたもので、アメリカやトランプに直接言及はしていません。アメリカは日本へ棄権を要請していたようですが、アラブ諸国の反発を生むとしてアメリカに根回ししたうえで賛成に投じました。ここにも安倍外交の成果がみられます。

宮崎　日本にとって死活的に重要なファクターはエネルギーです。原油の八〇％、ガスの六五％を中東に依存する脆弱《ぜいじゃく》な体質のため、戦争のリスクが高まるとエネルギーの供給不安が増幅し、ドルが高くなり、日本の株価は下がり、ゴールドが上昇する。また、こうした市場の特性のほかにも安全保障の問題が大きい。

福島　トランプはなぜあそこまで強気なんですかね？

宮崎　国内で原油とガスがとれるからですよ。アメリカはすでに原油とガスの輸入国ではないばかりか、一日二〇万バーレルを中国に輸出するほどの様変わり。だからサウジアラビアに過去にないほどに強気の姿勢で臨むわけです。

それから、サウジ国王を前にして、堂々とイスラエル支持を明瞭《めいりょう》にするのも、どちらかといえば米国内向け政治宣伝という要素が強いのですが、イスラエルもまた沖合油田が掘削され、自給できる強みがある。

したがって、一九七〇年代に吹き荒れたＯＰＥＣの強い石油カルテルは消滅したと見ていいでしょう。二〇一四年から続いたサウジアラビアの増産が、市場を動かす要素にはなりませんでした。今後のリスクはＯＰＥＣを超えて、ロシアが加わっての新カルテル形成が予測されます。

しかし大使館移転と言っても、リップサービスの可能性が高い。エルサレムの一等地に空いた場所はありませんし、用地の選定から実際の基礎工事までに五年はかかり、トランプの任期中に実現することは望み薄ですからね。

今回の件は、アメリカという国のキリスト教とユダヤ教の関係を見なくてはわかりません。アメリカは建国以来「神の国」だった。イギリスを逃れて東海岸にたどりついたピューリタンとは、キリスト教原理主義です。聖書を信じての建国だったし、その後のマニフェストデスティニー（神の意志により西進する）なども西部開拓とインディアン虐殺の免罪符として活用された護符でした。

こうした文脈から、ユダヤ教を原点とする旧約聖書を基礎とした新約聖書をアメリカ人は信奉するのです。したがってエルサレムが首都であることは、キリスト教原理主義にも意義が深く、こうしたアメリカ政治の理念には抽象的概念と契約の国という宗教的性格が基底にあるのです。

じっさいにアメリカ人の宗教心は南部から中西部にかけて強いし、これらの地区はほぼすべてトランプ支持基盤です。

だからこそトランプは選挙公約で明言し、支持層に約束してきたことの一つが、「イスラエルの首都はエルサレムだ」という確認であり、テルアビブにある米国大使館のエルサレムへの移転はその確認を実体化することでした。

米中は北朝鮮への軍事行動に出るのか

福島　私が今、注目しているのは賈慶国《かけいこく》（北京大学国際関係学院長）の一連の発言です。ポスト金正恩政権の対応について「中国は米韓と緊急協議すべきだ」（朝日新聞、九月二十四日）や、「米国は北朝鮮への予防的な攻撃を真剣に検討している」（日本経済新聞、十二月二十六日）などです。

米朝の軍事衝突の可能性は増大しており、同時に北朝鮮が暴発する可能性も増大している。もし本当に戦争になったならば、中国は米国と韓国と緊急に対応プランを討論せねばならないだろうと賈慶国はいうのです。その元ネタになったのは、オーストラリアの国際論文誌、東アジアフォーラムへの寄稿ですが、以下その見解を要約します。

長きにわたって、米韓は中国に対応プランを検討するよう説得してきたが、中国は北朝鮮を孤立させることを恐れて、それを拒絶していた。しかし、目前の状況を考慮すれば、米韓と緊急協議する以上に、中国にとってましな選択はない。

そのさい、大きな問題は三つある。第一に誰が北朝鮮の核兵器を管理するか、第二に北朝鮮難民問題、第三に北朝鮮国内の秩序を誰が回復するのか。

第一は、中国にとって北朝鮮の核を管理することは核不拡散と費用という二つの観点からメリットはないが、それでも中国は管理するというだろう。なぜなら、アメリカに管理させると米軍が三八度線を越えて北朝鮮に進軍してくる可能性があり、朝鮮戦争を思い起こさせるからだ。

一方の米国も中国同様二つの問題から、解放軍が北朝鮮の核兵器管理のための行動をとることに反対はしない。

第二の北朝鮮難民に関しては、中国はおそらく米韓に対してこのような提案をするだろう。解放軍が中朝国境をまたぐ地域に安全区を設置し、難民に対して臨時の保護を提供し、中国への大量の難民流入を防ぐ、と。

さらに三つ目の問題としては、北朝鮮危機が暴発したとき、北朝鮮国内の秩序を回復するのは韓国軍なのか、国連の平和維持部隊なのか、あるいはその他のパワーなのか？ 中国にとって最悪のシナリオは米軍の管理で、やはり米軍に三八度線を越えさせたくないためだ。

中国は国際社会の支援によって半島に一つの新しい政府、あるいは国連が半島で全民投票を行うかたちで、朝鮮半島の統一を進める準備をしておかねばならない。

この北朝鮮の核問題が解決すれば、米国・韓国は半島からTHAADミサイルを撤去するだろう。北京としては、半島のTHAADミサイルこそが中国の安全を脅かすものであり、これを撤去するように米韓に促し続けていた。

中国も北朝鮮の危機にかかわることは望んではいないが、核戦争および政治の不安定化、難民など予測不可能な状況下で、半島情勢が悪化すれば、北京としても最悪の方法をとる以外、他に選択肢はないのだ。（以上はVOA〔ヴォイス・オブ・アメリカ〕の抜粋転電をもとに福島が訳出）

一般に賈慶国はアメリカの代弁者と受け取られていますが、このプランは北朝鮮有事が発生した場合、習近平政権にとってはかなり理想的な落としどころを示しているのではないかと思います。

つまり、北朝鮮の核兵器管理は解放軍を通じて中国が行う。一方で米軍が三八度線を越えることは断固反対。北朝鮮の安定化は、解放軍を中心とした国連軍が行い、国連の名のもと、中国の主導で公民投票を経て半島統一を行う。その中国の功労をもってして、米韓からはTHAADミサイルを撤退させる。うまくいけば在韓米軍の撤退も望めるだろう。半島の米軍プレゼンスは大いに縮小される。習近平政権は北朝鮮問題解決の立役者として国際社会から評価されるであろうし、習近平の軍制改革によって不安定化していた軍内部は〝実戦〟を経て、強化される。軍内の反習近平派（主に旧瀋陽軍区）の将校は危険な最前線に送り込まれ、排除される、からと。

賈慶国が指摘する「最悪の場合の中国の選択肢」は、北朝鮮がＢＲＩＣＳ首脳会議開幕日に水爆実験を行って後、急に世界各国で紹介されるようになり、習近平政権の一種の観測気球、あるいはシグナルと受け取られています。

宮崎　第一の問題ですが、アメリカは三八度線を越える意思はないでしょう。おそらくミサイル攻撃だけで片づけようとしているのではないですか。前述したようにアメリカの本音は半島情勢よりも中東にある。

それから第二点は、すでに習近平は半島有事に備えて、中朝国境地帯に最大で五〇万人を収容できる難民キャンプを設営するよう指示しています。加えて軍駐留施設も増設している。

第三の問題でいえば、ソ連崩壊のときにアメリカが一番気がかりだったのが、ウクライナ、ベラルーシ、カザフスタンに飛び散っている核施設をどうするかということでした。これは結局ロシアが強引に一元管理した。パキスタンが核紛争をしたときも、あれは相当の密約があって、一つはあの核開発の資金を出したのはサウジアラビアなのですが、とうぜんサウジアラビアは貰《もら》うつもりでいる。中国が北朝鮮を管理するようになると、要するに一〇〇年前の体制に戻るということでしょう。ずっとあの半島は大陸に従属していたわけですからね。

福島　北朝鮮危機が中国にとってはチャンス、という見方は結構あって、たとえばパリ国際関係戦略研究機構のバートレイミ・グールモン研究員が指摘しています（FRI：フランス国際放送）。「もし北朝鮮が崩壊すれば、中国にとってかならずしも不利益ばかりではない。特に経済領域。もし北朝鮮で平和裏に政権交代が行われるとすれば、中国が北朝鮮の立て直しの最前列にくるわけだ」。

北朝鮮は、中国経済の停滞を一気に吹き飛ばす、経済フロンティア。〝朝鮮特需〟につながる可能性もあるわけです。

北朝鮮の労働力はわりと優秀ですし、問題噴出の中国経済にとって好転する材料になります。

もし米国をはじめ国際社会の要請を受けて国連の名のもとに中国主導で半島が統一されれば、ＴＨＡＡＤはおろか在韓米軍自体が必要なくなるし、今の韓国は親中反米政権だし、半島は一気に中国の勢力圏下に入ります。中国にとって北朝鮮有事勃発《ぼっぱつ》は、デメリットよりもメリットが大きい、むしろ一石四鳥、五鳥ぐらい、おいしいかもしれない。

一方、二〇一八年初め、米ニュースサイト・ワシントン・フリービーコンが、中国党中央弁公庁の北朝鮮問題解決についての機密文書（二〇一七年九月十五日発行）を入手した、と報じて、日本メディアを含む大手メディアも転電しました。この内容が、中国はロシアとともに北朝鮮の核兵器保有を容認しており、これ以上、核実験をしないならば、中国が中距離弾道ミサイルなどを提供し北朝鮮の国防支援をするといったものでした。国連の制裁決議も象徴的な実施にとどめる、という。中国外交部はこれをフェイクニュースと一蹴《いっしゅう》しており、私も、フェイクの可能性が強いと思います。文書のコピー写真がネットに出回り、私も読みました。よくできていますが、用語とか書式とか、やはりちょっと変ですね。捏造《ねつぞう》っぽい。その文書が郭文貴がネタ元なのか、その他の党内官僚のリークなのかはさておき、中国の対北朝鮮行動は、習近平の思惑とその他勢力の思惑と違っているかもしれない、という可能性も頭の片隅に置いておく必要はある。

宮崎　対北戦争がうまくいけば、習近平がノーベル平和賞を取れるかもしれない（笑）。いや、これは年頭のブラック・ジョークですが……。

そしてロシアもそれに一枚加わろうとしている。

福島　ロシアは警戒しますね。プーチンは今や中国以上に金正恩の擁護者の立場です。石油禁輸を含む制裁のエスカレートに反対し続けている。「北朝鮮は草を食んでも、核ミサイル実験を継続するだろう」と言い、制裁ではなく米朝の直接対話を模索すべきだという立場で、対欧州外交などを展開中です。ちなみに、トランプ政権のなかでも親ロシアとみられるティラーソンも北朝鮮との直接対話派ですしね。

プーチンは六カ国協議が始まる以前の二〇〇一年の段階で、金正日《キムジョンイル》に核兵器と〝簡単なミサイルシステム〟保有の事実を打ち明けられていたことを公表してます。おそらくはミサイル開発にも力を貸していたのでしょう。北朝鮮の核問題は、ロシアにとっては北朝鮮利権に食い込む格好のチャンスとしてとらえていた向きがある。

そう考えると、中国のポスト金正恩政権のこのプランには、ロシアが思いっきり抵抗するでしょう。妥協案としては、たとえば核兵器管理については中ロによる共同管理ということも考えられます。

宮崎　一番の当事国である日韓がスルーされている。ティラーソンが一七年の十二月十二日に爆弾発言をしたでしょ。ワシントンでの講演で、北朝鮮が崩壊する事態にそなえて、中国とすでに話し合いをしている、核兵器を回収するため、米軍が三八度線を越えても、環境が整えば、米軍は撤退することを保証している、と。つまり米中でXデーの話し合いが進められていたわけです。

福島　私としては非核国の日本こそ半島の核を管理するのに最適な国だと思うのですが……。

日本は日本に不利益にならないような独自プランをきちんと練って米ロを説得できるくらいの準備は必要ですが、国内の世論を見るかぎりそこまで成熟していません。

韓国はその日本よりもっと酷い。

宮崎　私も深刻だとみているのは韓国です。

北朝鮮の核施設を中国に任せた場合、韓国がどうなるかというのが問題なのですが、おそらくはアメリカはもう見限っていると思いますね。

福島　本来は国境を越えて北朝鮮に入って軍事行動をするのは人民解放軍ではなく、韓国軍であるはずなんですが、アメリカは韓国に情報提供すると北朝鮮に漏れるためそれができない。中国に話すよりも韓国と情報を共有するほうが、リスクが高いとみられている。仮にも同盟関係があるのにこれは異常ですよ。

日本との関係にしても、やはり慰安婦合意の検証報告でこれでは解決できないと改めて踏みつけました。だからといって中国との関係もＴＨＡＡＤ配備で悪化したままです。まさに四面楚歌《そか》なのが今の韓国です。

朝鮮問題の先は米中対立

宮崎　将来のシミュレーションは山のようにあるのですが、結局のところ、一番有力なのが米中で北朝鮮のレジーム・チェンジ（金正恩体制の崩壊）をやろうということでしょう。中国にとっても北朝鮮の核は脅威ですから。米本土に届くと北朝鮮は喜んでいますが、あれがくるっと向きを変えたら中国全土カバーするわけですから。

福島　ただ、中国の最大の懸念は、北朝鮮の核ミサイルよりも、半島におけるアメリカとのパワーバランスだと思います。

宮崎　同感です。だから、朝鮮半島が片づいたら、やはり米中の対立ですよ。

福島　そういう意味では中国に北朝鮮を管理させるやり方は、アジアにおけるアメリカの急激な影響力低下を招き、独裁的帝国主義的指向の強い習近平政権の後押しをすることになりかねないと思います。ひいては世界のパワーバランスの大変革につながりかねない。

トランプ政権暴露本『炎と怒り』で、バノンがかなりトランプ・ファミリーのロシア接近を売国的だとか批判していたことが明らかになっていますが、ロシアの問題だけでなく、トランプ政権の対中接近も懸念材料だと思いますよ。バノンは「真の敵は中国だ」とその本のなかでも言っているとか。「中国は新たな冷戦の最前線にいる。中国がすべてだ。他はどうでもいい。中国に好き勝手にやらせてはならない。そんなことはいっさい許してはならない。単純なことだ。中国は一九二九〜三〇年のナチス・ドイツのようなものだ。当時のドイツ人と同じように、中国人は世界で最も合理的な国民ではある。そうでなくなるまでは。彼らもまた三〇年代のドイツと同様、熱狂しつつある。超国家主義の国が誕生しそうになっている。そうなってしまえば誰にも止められない」（ワシントン・ポストの抜粋引用から）。

この本で、トランプとバノンは完全に決裂する可能性がありますが、対中強硬派の先鋒《せんぽう》であったバノンの影響力がこのまま消え、クシュナー・イヴァンカ夫妻のような対中融和的なファミリーの影響力が強くなっていくと、トランプ政権が対北朝鮮政策に関してはますます懸念が増していきます。トランプ政権は二〇一七年十二月に発表した国家安全保障戦略で中国とロシアを地域のバランスを崩す戦略的ライバル国家と宣言はしましたが。

宮崎　これは皮肉な結果ですが、習近平体制になって一つだけよかった点を挙げれば、鄧小平以降の中国の本心を隠せとしてきた韜光養晦《とうこうようかい》路線をやめてくれたおかげで中国の軍事的脅威に多くの日本人が目覚めたことです。じっさい、自衛隊の幹部の間においてさえ日米同盟の限界から中国にシフトすべきとの声はあった。それが日米同盟の堅持の方向に明らかに変わった。

福島　日本としては、中国とは永遠に仲よくなれないと覚悟するしかありません。というのは尖閣問題があるかぎりは仲よくなれるはずがない。特に今の習近平体制では。

宮崎　尖閣問題がなくても仲よくなれませんよ（笑）。

　中国からすると尖閣と台湾というのはセットですが、もっと先がある。「琉球を回収」と彼らは言っているのです。沖縄ではなく「琉球」と言っている。しかも「回収」でしょ。まるで沖縄が中国領だったような言い方です。

福島　琉球は中国の朝貢国だったからだと。要するにモンゴルと同じ扱いです。〝外モンゴル回収〟ともいっている。そういう発想ですから、日本と仲よくしようがない。アメリカと直接対峙《たいじ》するよりは日本のほうがずっと与《くみ》しやすい。

宮崎　二〇年前の議論は自衛隊のどの幹部と話しても、中国など三日で片づけると、あっけらかんと豪語していたものです。もちろん当時の中国の軍事力なんかは海軍にしても、あれは沿岸警備隊程度のもので、経済力に至っては日本の二〇分の一もなかったわけでしょう。だから、まさかそれが二〇年後にどうしてここまで巨大になったかと。

　それは日本が経済援助して（無償援助と有償併せて六兆円も！）それから日本の企業がドォーと進出しててていねいに技術を教え、生産工程のイロハを教えているうちに中華帝国が出現した。逆に言うと中国にとって日本はもうしゃぶりつくしたわけです。もう使い捨てで、後は対立しかない。求心力を高める最大の力は何かと言えば、やはり反日なんです。

福島　第一章で論じたようにG2体制を迎えるにあたり日米分断を図るべく日本に接近していますが、反日政策という劇薬が中国のクビをしめることになるでしょう。今の日本人の反中意識はほとんど自然にそうなってしまっています。

宮崎　日本に欧米を苦しめているような移民問題は深刻ではありませんが、経済大国として中華帝国化した中国への心理的反発は、やはりそうとう強いと思いますよ。

繰り返しますが、韜光養晦をやめたことが中国にとって一番の誤算だったということ、日本をはじめアジア近隣諸国が警戒態勢に入ってしまった変化を、後の歴史が証明するでしょう。

あとがき　「宴のあと」の恐ろしさ——宮崎正弘

戊戌《つちのえいぬ》の年は大波乱があると言われておりますが、新年早々から日米株式市場は急騰し、北朝鮮は南北が板門店で対話に向かう一方で、イランに反政府暴動が起こり、戦雲はにわかに朝鮮半島から中東へ移動した観があります。

ＳＮＳが世界を変えつつあります。

二〇一五年六月のトランプ立候補表明記者会見から、二〇一六年十一月の大統領選挙本番まで、大手メディアはトランプは乱暴者、ポピュリスト、コチコチの保守。ヒラリーに勝てるはずがないと書き殴っていました。欧米ばかりか、その翻訳メディアかと思われる邦字紙もなべてそうでした。

ですからヒラリー落選はかれらにも大きな衝撃であったはずです。

筆者は米国へ現地取材に行ってみて、トランプの演説会場が立錐《りっすい》の余地がないのにヒラリーの会場はがらんどうであったのをこの目で確認しました。なのにテレビはトランプの失言だけを報じ、ヒラリーの会場の空席を報じないという印象操作を展開していたのです。

しかし、これは日本のテレビがよく使う手口です。

そうした報道と現実の大きな乖離《かいり》を指摘したのが拙著『トランプ熱狂、アメリカの「反知性主義」』と『トランプノミクス』（ともに海竜社）の二冊です。また筆者が主宰するメルマガでも投票日直前に「トランプ、九回裏二死満塁、逆転満塁さよならホームランの可能性高まる」と予測し、そのとおりになりました。

今、日本のメディアは中国経済の錯乱ぶりをわずかには報じてはいるものの、不動産暴落、株価暴落予測は相変わらず禁句のようです。

つまり日本のメディアの中国報道は一部を除いて実態を伝えていません。大丈夫、大丈夫と叫ぶのは中国共産党の宣伝であり、それと同様なことを繰り返すメディアは北京の代理人に成り下がっているのか、それとも独自取材をしていないのか。いずれ遠からぬうちに結論がみえるでしょう。

ともかく二〇一八年は戊戌の年です。歴史的にみても大変化が繰り返されてきました。北朝鮮情勢、中東ばかりか南アジアも剣呑《けんのん》な空気、国際情勢は大荒れになるでしょう。米国は利上げ観測が高まり、株価の低迷傾向は上半期から顕著となり、逆に日本株は上昇機運に乗って、日経平均は二万六〇〇〇円台をうかがう地合《じあい》が形成されています。国内政治を眺めれば「安倍一強」は変わらず、おそらく戦後歴代首相の長期記録を塗り替えるでしょう。しかし安倍を嫌う大手新聞は、常に反対の論陣を張り続けています。

本書の主眼である中国政治と経済ですが、昨秋二期目に突入した習近平政権は前半期までやや安泰かもしれませんが、後半、経済の直滑降大暴落が始まれば、フルシチョフ的解任へ向かって高層部の権力闘争が激化し、暴走が始まる兆しがあることを否定できません。ですから中国は対外矛盾に外交を転回し、北朝鮮か、ブータンあたりを狙った「手頃な戦争」をおっぱじめる危険性があります。

米国トランプ政権は日本のメディアが予測することとは逆に地盤が固まっており、共和党主流派も彼を引きずり降ろそうとするよりは、秋の中間選挙勝利に向けて陣営の立て直しを開始しました。トランプとバノンの確執もその流れのうえにあるのでしょう。

トランプの支持率は回復気味です。エルサレムへの米国大使館移転が新しい波紋を呼ぶとはいえ、すでにイスラエル・パレスチナ紛争は地域限定、世界史の視点からは大きく外れており、焦点はシリアからトルコ、レバノン、イラク、そしてイランに移っています。

パレスチナの専売特許だった「インティファーダ」（民衆蜂起《ほうき》）は宗教独裁の気味悪い国家＝イランに広がりました。

二〇一七年暮れからイラン各地で反政府暴動が拡大し、二〇一八年一月までに死者が二二名、拘束されたイラン人は三五〇〇名に達し、慌てて最高指導者のハメネイ師は、「これはイランを敵視する外国勢力が背後で扇動している」と虚勢をはってみせました。

ロウハニ政権下で猛烈なインフレが四〇％台から一〇％台に低下したとはいえ、食料の値上がりが相次ぎ、「クリスチャン・サイエンス・モニター」（一八年一月二日）によれば、一二〇〇万人のイラン人は空腹のままベッドに入る貧困の日々を送り、三三〇〇万人が食料不足を深刻に訴えているという。

それなのにイラン政府は、シリアのアサド政権支援のために革命防衛軍を送り、イラクにも軍を送り、イエメンに軍事支援をなし、あげくはガザの「ハマス」、レバノンの「ヒズボラ」を大々的に支援してきました。国民が飢えに直面しているときに外国へ軍隊を送るなど言語道断であると反政府デモは叫び、ついに立ち上がった。すかさずイランを敵視するトランプ大統領はツイッターに「残酷で腐敗した政権」に抗議した民衆にエールを送り、「食料欠乏、猛烈インフレ、人権無視」が、今のイランの政治の貧しさだと批判したのです。ハメネイ師が、こうした反政府運動を「外国の陰謀」とするあたり、周辺の茶坊主に囲まれて正確な情報が入っていないうえ、一神教の傲慢《ごうまん》さが漂っています。

イラン初のノーベル平和賞受賞は女性弁護士だったシーリン・エバディ女史ですが、亡命先の英国からメディアのインタビューに答えるかたちで急速に拡大した反政府デモを支援しました。

西側にとって厄介なのはブレグジット以降のＥＵ諸国の亀裂でしょう。その方向性が不明となりました。

シリア難民は「ゲルマン民族の大移動」の如し。トルコが三〇〇万人を引き受け、セルビア、ハンガリーなどが国境を封鎖したため下火になったとはいえ、こんどはアフリカからの難民が南欧に押し寄せており、引き続きＥＵ諸国の難題であり続けるでしょう。

住民投票で独立賛成が過半をしめたバルセロナ中心のカタロニアは、選挙やり直しの結果、またも独立賛成が多数となり、スペイン政府はなす術もなく悄然《しょうぜん》となっています。フランスもオーストリアも、イタリアも保守系政党が大躍進、ＥＵ統合への亀裂がますます鮮明化しています。

オーストリアとオランダには保守政権が誕生し、ポーランド、ハンガリーは明確に移民政策でＥＵ主要国と対決し、次にバルカン半島に目を転ずれば、セルビアとボスニア・ヘルツェゴビナとの国境付近で停戦以来の「地域独立」、もしくはセルビアへの編入をめぐる戦争が勃発する可能性があります。

ロシアはすでに有力な対立候補がなく、プーチンは大統領職にとどまるばかりか、シリアで確立された世界史的プレイヤーの位置をさらに強靭《きょうじん》なものとして、中東政治に介入してくるでしょう。とりわけロシア↕トルコ↕イラン枢軸の形成を政治的に留意すべきです。サウジが呼びかける対イラン包囲作戦にエジプトとＵＡＥがどの程度関与するか。かようにして欧州の団結がささくれだってきました。

朝鮮半島問題は日本の核武装議論を覚醒《かくせい》し、アメリカは日本に核保有を促す人が増えています。

日米安保条約の改定に向けての基盤醸成がなされそうです。北朝鮮は挑発行為をやめないかぎり、いずれアメリカのミサイル攻撃を受けることになり、ここにロシアが絡み、中国が別のシナリオで行動するとなると下手をすれば第二次朝鮮戦争への口火を切ることになりかねません。

本書の随所に展開した習近平の仕掛ける戦争の足音が聞こえてきませんか。

【著者プロフィール】

宮崎正弘（みやざき　まさひろ）

評論家
1946年金沢生まれ。早稲田大学中退。「日本学生新聞」編集長、雑誌『浪曼』企画室長を経て、貿易会社を経営。82年『もうひとつの資源戦争』（講談社）で論壇へ。

国際政治、経済などをテーマに独自の取材で情報を解析する評論を展開。

中国ウォッチャーとして知られ、全省にわたり取材活動を続けている。

中国、台湾に関する著作は5冊が中国語に翻訳されている。

代表作に『連鎖地獄』『日本が全体主義に陥る日』（ビジネス社）、『中国大分裂』（ネスコ）、『出身地で分かる中国人』（ＰＨＰ新書）、西郷隆盛──日本人はなぜこの英雄が好きなのか』(海竜社）など多数。最新作は『習近平の独裁強化で世界から徹底的に排除され始めた中国』（徳間書店）

福島香織（ふくしま　かおり）
1967年、奈良県に生まれる。大阪大学卒業後、産経新聞社に入社。文化部、社会部などを経て香港支局長、北京特派員、政治部記者を歴任。2009年からフリージャーナリストとして主に中国、中華圏の政治、社会、経済、文化をカバーする。多角的な取材を通じて“近くて遠い隣の大国”の姿を精力的に伝えている。
日経ビジネスオンラインで中国新聞趣聞～チャイナ・ゴシップス、月刊「Hanada」誌上で「現代中国残酷物語」を連載している。
著書には『米中の危険なゲームが始まった』『暴走する中国が世界を終わらせる』（ビジネス社）、『潜入ルポ　中国の女』（文藝春秋）、『中国「反日デモ」の深層』（扶桑社新書）、『本当は日本が大好きな中国人』（朝日新書）、『「中国の悪夢」を習近平が準備する』（徳間書店）、『権力闘争がわかれば中国がわかる』（さくら舎）などがある。

世界の中国化をくい止めろ

2018年2月20日　第１刷発行

著　者　宮崎正弘　福島香織
発行者　唐津　隆
発行所　株式会社ビジネス社
〒162－0805　東京都新宿区矢来町114番地
神楽坂高橋ビル5F
電話　03－5227－1602　FAX 03－5227－1603
URL　http://www.business-sha.co.jp/

〈カバーデザイン〉中村　聡
〈本文DTP〉茂呂田剛（エムアンドケイ）
〈印刷・製本〉モリモト印刷株式会社
〈編集担当〉佐藤春生〈営業担当〉山口健志

ISBN978-4-8284-2009-7